优秀传统文化教育教学研究

宫树华　于　宝　温媛媛 ◎ 著

吉林出版集团股份有限公司

图书在版编目（CIP）数据

优秀传统文化教育教学研究 / 宫树华，于宝，温媛媛著 . — 长春：吉林出版集团股份有限公司，2023.8
ISBN 978-7-5731-4205-4

Ⅰ．①优… Ⅱ．①宫… ②于… ③温… Ⅲ．①中华文化—教学研究 Ⅳ．① K203

中国国家版本馆 CIP 数据核字（2023）第 176240 号

优秀传统文化教育教学研究

YOUXIU CHUANTONG WENHUA JIAOYU JIAOXUE YANJIU

著　　者	宫树华　于　宝　温媛媛	
出版策划	崔文辉	
责任编辑	王　妍	
封面设计	文　一	
出　　版	吉林出版集团股份有限公司	
	（长春市福祉大路 5788 号，邮政编码：130118）	
发　　行	吉林出版集团译文图书经营有限公司	
	（http://shop34896900.taobao.com）	
电　　话	总编办：0431-81629909　营销部：0431-81629880/81629900	
印　　刷	廊坊市广阳区九洲印刷厂	
开　　本	710mm×1000mm　　1/16	
字　　数	413 千字	
印　　张	18	
版　　次	2023 年 8 月第 1 版	
印　　次	2023 年 8 月第 1 次印刷	
书　　号	ISBN 978-7-5731-4205-4	
定　　价	78.00 元	

如发现印装质量问题，影响阅读，请与印刷厂联系调换。电话：0316-2803040

前　言

中华优秀传统文化是中华民族弥足珍贵的精神财富，是中华民族凝聚力和创造力的源泉。

优秀传统文化的精神遗产至今仍然有突出的价值，积极继承和弘扬优秀传统文化有利于培育和践行社会主义核心价值观，有利于推进国家治理体系和治理能力，还有利于提升国家文化软实力，有利于营造和树立良好的国际形象。优秀传统文化对增强中华民族的民族自豪感、责任感以及民族自尊心、自信心方面有着突出的价值。

本书的研究主要包含三个部分：

一是如何理解文化与中国传统文化之间的关系，使传统文化教育能够与世界先进文化的不断发展相适应，共发展。

二是对传统文学、教育、节日习俗等方面进行了研究，使传统文化的概念能够贴近日常生活，而不只是传统印象中的读论语、背唐诗、穿古装。

三是如何从传统文化教育教学改革上更好地支持传统文化的发展，使传统文化教育能够在教育系统内外更广泛地开展起来。

由于笔者水平有限，书中难免存在不妥甚至谬误之处，敬请广大学界同仁与读者朋友批评指正。

目　　录

绪　　论

一、中华文化复兴与当代大学生的历史使命

近年来，社会对中华优秀传统文化的关注度越来越高，一股推崇优秀传统文化的热潮正在中国涌流。这种传统文化热现象的不断涌现说明了什么？传统文化热对于当今社会有何意义？在继承优秀传统文化的同时，我们应当警醒哪些问题？我们又该如何处理好继承优秀传统文化与吸收借鉴国外优秀文化成果之间的关系？作为当代大学生应该担起怎样的历史使命呢？

传统文化是指一个民族演进过程中所汇集的一种反映民族特质和风貌的民族文化。中华传统文化是指居住在中国地域的中华先民及历代中国人所创造的文化。为什么在 21 世纪的今天，会出现传统文化热呢？归结起来，大致有以下原因：

第一，传统文化热是文化自觉和自信增强的体现。

这次的传统文化热潮是在改革开放取得了历史性进展，中国的和平发展为世界瞩目的时刻出现的。中国经济的发展和影响力的增强在要求一种文化上的自觉，也给了我们更多的文化的自信。在百年追求"现代化"

的进程中，许多人深刻地感到对传统文化并不了解，因而认为对传统的认知变得非常重要。

也有学者指出，传统文化的某些思想资源契合了当今人们的心理需求。当今中国正处于社会转型期，整个社会比较浮躁，一些人希望从传统文化中寻求价值标准和道德规范。

第二，中华优秀传统文化有利于推动现代中国的建设和全人类的发展。

经济全球化时代背景下中国的智慧、中国社会的建设尤其是包括道德建设在内的文化建设亟须汲取传统文化资源。

深入挖掘和诠释中华文化传统资源，必能贡献于当今世界，为人类的未来发展提供智慧。无论是处理人与自然、人与社会的关系，还是处理人自身身心之间的关系，中华传统文化所蕴含的丰富智慧可以启示人们。如中国人看待天地、看待人生，看待人和自然的关系，对家庭成员之间、人与人之间和谐相处的规范等，都值得世人认真思考和借鉴。

二、中华优秀传统文化的基本内容、特征和精神

1.基本内容

中华传统文化博大精深，源远流长。就其具体内容而言，一方面，我们可以按照文化类型来把握，如诸子百家、四书五经、琴棋书画、诗词曲赋（文学）、传统节日、中国戏曲、中国建筑、汉字汉语、传统中

医、宗教哲学、神秘文化、民间工艺、中华武术、民风民俗、衣冠服饰、古玩器物等，这是对优秀传统文化的具体罗列。

另一方面，还可以从文化分层来解析。首先，是基础层，就是最容易感知也最容易变化的、看得见摸得着的是围绕衣食住行的文化，这就是我们的居住文化、装饰文化、饮食文化、烹调文化等；其次，是中层，就是包括风俗、礼仪、宗教、艺术、制度、法律等，又称为制度文化；最后，是底层，包括伦理观、价值观、世界观，也可以称为哲学文化。我们中华文化是三层具备的。今天看来，苏美尔文化、巴比伦文化、古埃及文化之所以断后，是跟它们不完全具备"三层"有关，最根本的是没有形成明确的、全民族共识的底层。

2. 基本特征

中华传统文化的基本特征有以下几点。

第一，人文性。中国传统文化是人文性的。中国古代先哲不同于古希腊哲人的地方在于，后者专注于对自然哲学的探究，着意探究宇宙的终极本体，把人与自然置于对立的两极，思考人怎样去认识自然、战胜自然。中华文化也不同于中东或印度文化，后者更多地关注超自然的东西，努力探求人与神的关系。中华文化从思考人类自身的存在出发，以人为中心建立起自己的理论体系，强调人本位，将天、地、人三者并列，以人为宇宙的中心，认为人是"万物之本""最为天下贵"。人文性的特征使中华文化具有鲜明的非宗教倾向。中华文化一直重人事轻鬼神，孔子的"不语怪、力、乱、神"体现了这一文化倾向。此外，中华文化的人文性又体现在人生价值的自我实现上。中国人不主张人去追求灵魂的不朽，而是要求人们关注现实人生，把内在的道德修养和外在的道德实践，即把"内圣"和"外王"结合起来，努力地立德、立功、立言，从而实现理想人格。

第二，伦理性。中华文化具有鲜明的伦理道德倾向，偏重道德的价值取向在中华传统文化中处于亘古不变的核心地位。古代统治者视道德感化为政治统治的重要手段，利用有助于统治巩固、社会有序的道德规范去"教化"民众，以规范社会成员的思想和行为，即"以德治国"。周公、孔孟等思想家都非常重视道德教化的重要性。中华文化的伦理教化还特别强调"为仁由己"，突出个人道德修养的自觉性和主动性，旨在塑造"至善"的人格，培养具有理想品德的"君子"。就道德伦理中的合理内核来看，千百年来已经融入民族精神之中，如孟子的"修其身而天下平""亲亲而仁民，仁民而爱物""我善养吾浩然之气"的"大丈夫"气概，便是中华文化人格精神的突出体现，激励着历代志士仁人为自己对家庭、社会和国家的伦理责任而献身。

第三，务实性。务实精神也是中华文化的特征之一。中国人倡导立足现实、惜天时、尽地力、重本务，远离玄虚，鄙视机巧奸伪。如果说西方哲学着重关注纷纭现象背后的不变原则和超验的精神世界，那么中国哲学更多关注的是人生哲学，是"经世致用"之学，儒家为人们提出的安身立命的准则是"修身、齐家、治国、平天下"。中华文化更多地关注学以致用，这一特点导致中国实用理性很发达。

　　3.基本精神

　　第一，自强不息。中华文化的基本精神首先是自强不息。《周易》讲："天行健，君子以自强不息。"这是对中华民族刚健有为、自强不息精神的集中概括和生动写照。孔子提倡并努力实践"发愤忘食"的精神，鄙视"饱食终日无所用心"的人生态度。他自己"发愤忘食，乐以忘忧，不知老之将至"。孔子还认为，吃穿不要求锦衣玉食，居住不追求过分舒适，对工作勤劳敏捷，说话须小心谨慎，到有道的人那里去匡正自己，成为好学的君子。

　　从汉代至今，《周易》的思想深入人心，其刚健、自强不息的观点，为社会所接受，不仅对于知识分子，而且对于一般民众也产生了强烈的激励作用。司马迁发奋写出了《史记》这一不朽的皇皇巨著。正是这种刚健有为、自强不息的精神，推动了中国社会和中华文化的发展。无数仁人志士，为了维护国家统一和民族团结，鞠躬尽瘁，不懈奋斗。

　　第二，正道直行。中华民族是坚持正义、勇于追求真理、崇尚气节的民族。由于受传统文化特别是儒家文化的熏陶，中华民族崇尚气节、重视节操的一面十分突出，培育了强烈的民族自尊心和刚正不阿的浩然正气。孔子推崇儒士"可杀而不可辱""三军可夺帅也，匹夫不可夺志也"；孟子倡扬"富贵不能淫，贫贱不能移，威武不能屈"；晋代陶渊明"不为五斗米折腰";唐代李白宣称"安能摧眉折腰事权贵,使我不得开心颜",这些都体现了坚守名节,宁可弃利甚至杀身,也决不丧志辱身的浩然之气。

南朝齐、梁时的范缜,不为齐竟陵王萧子良和梁武帝萧衍的威逼利诱所动,坚定不移地反对因果报应和神不灭论,表现了不"卖论取官"的凛然正气。东汉桓谭刚正不阿,明知光武帝迷信谶纬符命,而敢于当面反对他,差点儿因此丢掉性命。人们熟知的商末孤竹君之子伯夷、叔齐,叩马而谏,反对周武王伐纣。武王灭商后,又"不食周粟"而饿死于首阳之山,表现了其坚持气节的一面,受到了司马迁的高度赞扬。

可以说崇尚气节、讲求情操的传统,培育了中国优秀知识分子和广大人民的正义感和是非心,形成了民族的浩然正气。特别是在国家命运多舛、民族生死存亡的关头,人们总是以大局为重,通过不屈不挠的斗争来挽救国家和民族的命运。历史上无数民族英雄的出现,便是有力的证明。中华民族是崇尚"和"的民族,贵和持中是我们的基本价值取向。在西周末年,史伯就十分强调"和"的重要性,他认为以不同的元素相配合,才能使矛盾均衡统一,收到和谐的效果。五味相和,才能产生甜香可口的食物;六律相和,才能产生动听的音乐;善于倾听正反之言的君主,才能造成"和乐如一"的局面。只有"和",才能"生物",收到"丰长而物归之"的效果。孔子更加强调"持中"的重要性,认为"过犹不及"中庸是极高的修养境界和应该追求的价值取向。

贵和持中的核心精神是要求言行适度，反对偏激，主张以理节情，以此达到人与人之间的和谐，从而在社会生活中建立等级分明的礼治伦常秩序。提倡中庸不等于没有原则，并非模棱两可，做好好先生，在某些问题上还提倡权变。崇尚中和的民族心理使人们养成了注重和谐、维护整体、温文尔雅、谦让宽容的民族精神。这对于维护社会安宁、实现人际和睦相处具有重要意义。

第三，豁达乐观。在中国人看来，人生的意义、个体的价值，存在于现实的生活中。人生在世，富贵发达，固然可喜；仕途坎坷，宦海浮沉，饱经忧患，未必可悲。积极进取、自强不息的人生态度，始终以乐观主义为基调，从而可以淡化悲观心理。对真理的追求，对光明的向往，使人们对未来满怀希望。个人际遇的不顺，可以用"贫贱忧戚，庸玉汝于成"来自我调适，由抑郁转向乐观。团体的事业受到挫折，可以看作是新的成功的契机，低潮可以视为两次高潮间的过渡。社稷倾覆，可以通过卧薪尝胆来光复。历来传诵的"无平不陂，无往不复""否极泰来""祸福相生"等辩证语汇，表达了人们对未来美好前景的坚定信念。

中华民族的乐观，造就了豁达大度的胸襟。这首先表现为兼容并包的文化价值观。历史上，在中外交流过程中，中华文化往往易于与异域文化相接触、融合，既以自己的内在特色去影响其他民族的文化，又善于吸纳外来文化的优秀成分。中华文化的乐观体现在"万物并育而不相害，道并行而不相悖"的原则上，表现在对"天下同归而殊途，一致而百虑"

的崇尚与自信上。这种兼容并包、并行不悖的精神，使中华文化具有很强的吸纳能力和改造能力，使中国人具有博大的胸襟和宽容的情怀，从而增强了中华文化的适应力和再生力。

三、正确认识和评价中华优秀传统文化的现代价值

我们需要真切认识到，人无往而不在传统之中，传统并不是指既定的过去，也不只是在特定的时间里留存下来的文本，而是以文字、语言、思维结构、价值取向、知识积累储存于文本、民俗以及每个人内心等方面的总和。它是流动的、未完成的，而不是既定的、已成的。当我们用任何截断众流的态度把传统当作一种过去的客观研究对象时，将会对它做出不公正的评价。传统犹如一弯蜿蜒而行的溪水，它需要后人不断开凿新的渠道，才能润泽花草；又如树的根系，需要今人呵护培育，方能萌发新芽。我们身处传统之中，承担着通过创新而发展优秀文化传统的责任。

中华文化传统的命运曲折，使我们能更清醒地认识到优秀传统文化的现代价值，能使我们更清楚地理解今天、把握好明天。更进一步说，不能很好地认识传统与现代社会的关系，我们便不能真正实现中华民族的伟大复兴。

中华传统文化有很多值得我们传承的精华。我们的祖先给我们留下了极其丰富的文化财富。中国也创造了很多宝贵财富，包括各种各样的

艺术品和思想遗产，有一些东西到现在还在发挥作用，比如中医。

我们学习和认识优秀传统文化的现代价值，其着重点是指那些对国家和民族有利，对世界文化有所贡献，并提升整体人类文化水平的内容。优秀传统文化的现代意义是指我们固有的优秀文化及典章制度能否在现代得以恢复，但复兴优秀传统文化又要注意在转化过程中不能生搬硬套。

文化建设，归根结底是民族的精神建设，是对优秀传统的继承和新的时代精神的创造。近年来我国的迅速发展，正是传统智慧和时代精神融会、中华民族创造力迸发的生动体现。我们有理由相信，在未来的岁月里，这一精神会继续创造新的辉煌。

现在，一系列重要挑战和课题早已摆在人类面前了，对此，中华民族同样无法回避。例如，如何解读在经济全球化、文化多样性环境中的民族文化现状；不同的文化之间如何沟通、相融；未来如何进行民族的和世界的文化建设，以使人们能在对物质的追求和对精神的需求之间达到相对平衡；如何在经济和社会发展速度与人文精神建设速度之间找到协调点；中华民族如何与世界各国人民一起为迎接当前全球面临的种种挑战而携手并进。对于中华民族来说，这些问题可以概括为这样一个突出而紧迫的命题：如何使中华优秀传统文化和时代精神相结合？

中华民族每当遇到险阻或居安思危时，都会回首历史，追寻中华民族精神的精髓。这并不是要回到远古，而是要看清楚民族精神产生的脉络，并沿此而下，洞察中华民族文化演变、发展、兴旺、交融的过程、规律及其经验和教训。中华民族传统文化之河浩瀚深邃，无与伦比，尤其需要学者献出毕生的精力，修身养性，殷勤传学。

在当前呼吁尊重文化多样性，各种文化间应该互相学习、借鉴、交流的声音越来越响亮的语境下，作为中华民族的子孙，我们理应承担起和世界各国的汉学家共同向西方世界、向其他几大洲民众介绍中华文化的责任。这绝不是什么"价值观输出"，不是施展意在改变对方的"软实力"，更不是强加于人，这只是对人类文化多样性应有的平等的追求。世界需要不同文化的对话，促进文化相互借鉴，共同维护文化多样性。我们清楚地意识到，没有多元文化之间的和谐平等，就没有世界和平；要促进和维护世界和平，就需要政治家之间的对话、学者之间的对话、公众之间的对话。

第一章　文化与中国传统文化

第一节　关于文化的解读

为了更准确地理解和认识中国传统文化，我们先来谈谈文化的基本含义，据此了解中国传统文化及其特征。

"文化"是个相当复杂的问题。迄今为止，国内外学者对文化的理解和认识依然是仁者见仁，智者见智，实可谓众说纷纭，莫衷一是。汉语中的"文化"一词，既是中国语言系统中固有的传统词语，又是近代以来学者们宣传外来文化时被赋予新内涵的翻译语句。

我们今天所说的"文化"，显然是一个全新概念。从字源上看，现代"文化"，当初是由西方学者提出的。在中国本土的语言系统中，"文化"是"文"与"化"两个字组成的复合词组。见之于殷商甲骨文的"文"字，像一个袒胸而立，身有花纹文饰的人，后引申为各色交错的纹理。在许慎《说文解字》中所谓"文，错画也，象交叉"则讲得更明白。由此进一步引申为文字典籍、礼乐制度、文德教化等含义。因为与五色成文有关，"文"字又有了与"质""实"相对的含义，引申为精神修养，德行美善之义。

可见，"文"字早在远古，便已与今天的"文化"一词有了不解之缘。"化"字本义指事物动态的变化过程。

"文""化"二字的复合使用，是春秋战国以后的事情。到两汉的刘向作《说苑》开始将"文""化"二字联为一词。在古汉语表达系统中，"文化"一词的本义是与"武功""武力"相对的概念，指以文德教化天下，这里面既有政治主张，同时又有伦理意义。

19世纪下半叶出现的一门学科——文化学，给出了一定的规范。这就是：文化是社会现象，它与人类社会是并存的。文化是人类通过自己的实践活动所创造的物质和精神的成果，是人的对象性活动的物质和精神的产物。因此，凡是超越人的本能，属于人类有意识、有目的地改造自然、改造社会、改造人的主观精神世界的活动成果，都是文化。

文化具有广义和狭义之分。从广义上看，"文化"的概念是非常宽泛的，它几乎涵盖了人类社会的一切现象。依据历史唯物主义的基本观点，人区别于动物最显著的特征是劳动实践。劳动实践是人类为满足自身需要有目的地改造世界的客观的物质活动。人类要生存就必须向自然界索取生活和生产资料，但是自然界不会自动提供各种适合人类需要的现成事物。因此，人类必须使用物质手段改变自然物的形态、结构、属性等，以满足自身的各种需求。这种物质生活资料就是人类实践活动所创造的物质产品。

人类在劳动实践中必须彼此协作，依靠集体的力量与自然搏斗，因此必须交流思想、传递消息，于是原始人在劳动实践中逐步创造了语言和文字，成为思维的工具、交流的手段。除此以外，原始人还创造了原始宗教和艺术，这些都属于人类早期实践的精神产品。

人类在劳动实践中不仅要创造产品，而且要创造"创造产品"的手段，最主要的是生产工具和生产工艺。为了狩猎，原始人创造了石刀、石斧。为了耕种农作物，古代人发明了种植、培育谷物的技艺以及与之相适应的农具，创造了一套农业生产的工具和技术。上述这些，无论是简陋的皮衣、语言文字，还是石刀、石斧、农业工具、技艺等，无一不是人类实践活动的产品。于是，我们就将人类在改造世界的实践活动中所创造的物质和精神产物称为"文化"。

从狭义上看，文化则是思想文化，是指人类的精神形态、观念形态方面的内涵。"文化"内涵的丰富性决定了它外延范围的广泛性。研究文化的人们，为了便于把握和解释文化，从结构学角度出发，认为文化基本结构包括物质文化、制度文化和观念（精神）文化三大部分。

物质文化是人们物质生产活动及其产品的总和，是人们为满足自己的物质需要从事生产劳动创造的物质成果。物质文化包括（生产工具）技艺文化、服饰文化、饮食文化、居室建筑文化、舟车交通工具文化等。物质文化的特征是可感性，即它是有形的、以器物形态表现的文化。从文化的结构层次看，物质文化处于文化结构的表层。

制度文化是人们为了处理和解决各种社会矛盾、调整人与人的社会关系而制定的各种规范、准则、条例、法律等，是以社会制度形式呈现的文化现象。具体包括经济制度、政治制度、婚姻制度、家族或家庭制度、宗教制度、行帮会制度等。它是一种无形的文化，但又确确实实存在于社会各阶级、阶层的日常活动之中，影响和制约着人们的生活行为，是起劝诫或约束作用的行为文化。制度文化处于文化结构的中层。

精神文化是人们在实践中逐渐形成的社会心理和意识形态。社会心理是指人们非系统化、不定型、处于自发状态的思想意识，具体表现为与日常生活密切联系的情感、风俗、习惯、信念、思想倾向，等等。意识形态则是指理论化、系统化、具有较严密的逻辑体系的自觉的思想意识，是对社会存在较为间接的反映，是经过提炼加工后形成的思想意识。精神文化，特别是其中的意识形态处于文化结构的深层。精神文化的特征是抽象性和相对独立性，是以观念形态呈现的文化现象，对社会的经济和政治发展起巨大的推动作用。精神文化必然在实践中转化为物质文化和制度文化，三种文化之间相互制约、相互作用，并在一定条件下相互转化。

由于文化概念的涵盖面广，因此我们在书中将文化界定为"狭义的文化"，即人类的精神文化，而把物质文化和制度文化归结到社会的"生产力""生产关系"和"政治的上层建筑"的范畴中去，从而把对文化现象的研究主要集中到社会的精神文化上来。

当然，精神文化的形成与发展必然受到社会物质生产以及经济关系、政治关系和家庭关系的制约，人们的思想意识不可能脱离一定的社会存在。因此，在分析中国传统文化时，必然要联系古代中国社会的生产方式、经济基础以及上层建筑的实际状况，运用唯物史观的基本方法考察传统文化的形成和发展，概括总结传统文化的概念及其基本特征。

第二节　中国传统文化产生的根基

在中国文化演进变化过程中，中华民族创造了具有中华特质的文化传统。任何民族文化都不是从天上掉下来的，也不是人们绝对理念的产物，而是与该民族所依赖的地理环境、经济土壤和政治结构密切相关的。也正因为如此，才构成了风格迥异、绚丽多彩的文化世界。有着五千年历史的中国文化就是在它所独有的地理环境、经济土壤和社会政治结构基础上产生、衍化出来的。

一、中国传统文化的历史地理环境

中国文化产生和发展的地理环境是指中国进入文明社会以来的整个历史时期的地理环境，即历史地理环境。地理环境包括两个方面：自然地理环境和人文地理环境（又分为经济地理环境和社会文化地理环境）。一般来说，自然地理环境，如气候、地形、地貌、水文、植被、海陆分布等，发展变化的速度比较缓慢。人文地理环境，如疆域、政区、民族、人口、城市、交通、农业、牧业等方面，发展变化的速度比自然地理因素发展变化的速度要快。

（一）中国历史地理环境基本特征

中国传统文化赖以生成的历史地理环境主要包括疆域、政区、民族、人口、地形、气候等因素。

1.疆域

在中华历史上最早的夏朝（约公元前21世纪至公元前16世纪）已经统治了相当广袤的地区。经过商、周两代的发展，到公元前221年，秦始皇终于建立起中国历史上第一个统一的国家。此后的历代中原王朝的疆域虽然时有变化，但基本的趋势是逐渐扩大，逐渐巩固，不少王朝都曾拥有过今天中国领土以外的疆域。清朝最终奠定了今日中国疆域的基础。

2.民族

曾经在中国范围内居住活动的民族有几十个，中国的历史是由各民族共同缔造的，中国的领土也是各民族共同开拓和巩固的。

3.人口

古代中国人口有分布不均衡与迁移频繁两大特点。公元1世纪初，人口多分布在太行山、中条山以东，豫西山地、淮河以北，燕山山脉以南的地域内，而长江以南大多数地区人口稀少。随着经济的发展、政治中心的转移、人口的迁移和自然条件的变迁,人口分布发生了很大的变化。10 世纪以后, 主要的人口稠密区已经转到南方, 这一东南人口稠密区和西北人口稀疏区的格局至今仍无明显变化。

4. 地形

中国是一个多山的国家, 山地、高原和丘陵占比较大。中国的地势西高东低, 高度悬殊。高山、高原以及大型内陆盆地主要分布在西部, 丘陵、平原以及较低的山地多见于东部, 宽阔缓斜的大陆架则在大陆东南侧延伸于海下。地势自西而东层层下降, 形成地形上的三级台阶, 习惯上称为"三大阶梯"。由于自然和人类活动的相互作用, 在局部地区, 地形、地貌发生了不小的变化, 比较明显的有:(1)湖泊的发育和消亡;(2)水道和水系的变迁;(3)海陆变迁;(4)黄土高原的变迁;(5)沙漠的变迁。这些变化对中国的历史和文化往往产生重大影响。

5. 气候

中国的大部分领土处于北半球的温带——暖温带, 南北两端的少部分地区深入热带和亚寒带。中国气候有三个特点:(1)季风气候显著, 表现为季风与降水量季节性变化显著;(2)大陆性气候强, 表现为冬、夏两季平均温度与同纬度其他地区或国家有较大的差异, 气温年差较大;(3)气候类型多种多样。

（二）地理环境对中国文化的作用与影响

地理环境是人类赖以生存和发展的物质基础，同时也是人类文化的基础。中国历史上，地理环境在中国文化形成中的作用主要体现在以下两个方面。

1. 有利的地理环境因素为创造中国文化奠定了经济基础

中国不但疆域辽阔，而且地理位置比较优越。大部分地区处于中纬度，气候温和，下半年雨热同季，温度和水分条件配合良好，为发展农业提供了适宜的条件。中国文化最重要的发祥地——黄河流域、长江流域、辽河流域以及东南和西南崇山峻岭间比较适合人类生存的地域较广，尤其是黄河流域、长江流域的中下游地区更适合人类的生活、生产，因而成为文明的发祥地和繁茂区域。

农业在中国的发展有着极其悠久的历史和相当辽阔的地域，黄河中下游最早形成了大片农业区。中国占主导地位的传统文化都是建立在农业生产的基础上的，它们形成于农业区，也随着农业区的扩大而传播。大量人口不断从黄河流域迁往南方、西北、东北各地，文化上和数量上的优势使这些移民最终成为迁入地区的主体人口，他们所传递的文化也成为迁入地的主体文化。

由于中国疆域辽阔，跨纬度大，所以气候的波动一般只影响农业区的南北界线，而不会减少它的面积，这为中国文化的延续提供了稳定的物质基础。

2.多样性的地理环境创造了中国文化的多样性

中国文化的滋生地疆域广阔，腹里纵深，拥有东西南北气候、土壤、动植物群落差异显著的地理生态格局，必然带来文化形态的丰富多元特性，每一个区域的文化都明显带有该区域的地理生态特色。不同特质的文化又构成不同的文化形态。如黄河流域的秦文化、三晋文化、齐鲁文化与长江流域的楚文化、吴越文化之间就存在着较大差异，而东部温暖湿润地区的农耕文化与干燥的西部、北部地区的游牧文化更是大相径庭。

数千年间，中国不同时代的王朝有规律地经历了多次迁徙，大体上是沿着自东向西，以后又由西北而东南，最后到元明清时的北方，先后形成闻名于世的七大古都，即安阳、西安、洛阳、开封、南京、杭州、北京。中国这一历史现象有别于其他大多数古老国家，那些国家都城较为稳定且单一，如埃及的开罗、古罗马（现意大利）的罗马、印度的新德里、英国的伦敦、法国的巴黎等。中国之所以如此，得益于其本身所具有的地理位置上的优势，它与中国经济重心的开拓以及民族的融合有关，在数千年辗转迁徙的过程中，汉民族文化不断吸收各兄弟民族的优秀文化，使中华民族的文化走向一体化，进而成为博大精深的中国文化，并以其独特的魅力自立于世界东方，影响波及世界各地。

二、中国文化植根的经济基础

（一）农耕自然经济是中国古代社会经济的主体

东亚大陆得天独厚的自然条件和地理生态环境孕育了华夏民族以农耕经济为主体的经济生产形态。早在四五千年前，兴起于黄河中游地域的新石器文化——仰韶文化和龙山文化，已经展现了华夏民族的祖先从渔猎向农耕生产过渡的历史风貌，中华农耕文明在气候适宜、土壤肥沃的黄河中游流域开始形成。

夏、商、周三代，农业已经成为中原华夏民族社会生活资料的主要来源。阴历的产生，开创了农业立国的先河，商甲骨卜辞对主要农作物如黍、稷、粟、麦、秔、稻、菽（大豆）的影响均有显现。殷人重视天象历法，又制定了完整的纪时、纪日、纪年法。周朝高度重视农业生产，其先祖教人民耕作，倡导农桑，被后人尊为后稷。西周的农业技术有了很大发展，施肥、中耕、熟耘、选种、防治病虫害以及休耕等技术的应用，改变了以往粗放式的耕作方式。

春秋战国以后，各诸侯国为富国强兵，无不高度重视农业，纷纷广泛应用铁制农具，推广牛耕，兴修水利等。秦汉以后大一统的中华民族更把"重农固本"奉为治国的不易之道。黄河、长江流域虽然同样是中国农耕文明的发祥地，但由于黄河流域细腻而疏松的黄土层较适合远古木石铜器农具的运用和粟、稷等旱作物的生产，所以农业生产首先在黄河中下游达到较高水平，黄河中下游地区自然也成了中国上古时代的政治、经济和人文中心。

随着农业生产力的发展，特别是铁制农具和牛耕的普及，中国的农耕区域逐渐向土肥水美的长江流域扩展，而秦汉大一统局面的形成，更为中原农耕区域向南扩展创造了有利的社会条件。汉晋以来的数百年间，北方的边患日趋严重，战火的蹂躏使黄河流域的农业生态环境迅速恶化，在战乱的压迫下，中原优秀的农耕男女大批向南迁徙，足迹遍布长江中下游区域及东南沿海各地。于是，中国农耕区的中心逐渐从黄河流域向长江中下游和江南地区转移，而中国南方优良的自然气候条件和生态环境很快就显示出发展农耕经济的巨大潜力。隋唐以后，长江中下游区域迅速成为京都以及边防粮食、布帛的主要供应地，"苏杭熟，天下足"和"湖广熟，天下足"的谚语即反映了唐宋以来经济重心南移的历史事实，"东南财税"与"西北甲兵"共同构成了唐以后历代社会政治稳定的基本格局。

当黄河流域以南的农耕文明日益发展的时候，中国的西北部地区繁衍生息着彪悍善战的游牧民族。农耕与游牧这两种经济类型和生产方式决定了古代中国的军事格局：经济文化先进的中原农耕人处在被动防御状态，而经济文化落后的游牧人常取攻势。农耕民族与游牧民族以长期对垒、战争、迁徙、聚合、和亲、互市等形式，实现经济文化的互补和民族的融合。农耕与游牧作为东亚大陆两种基本的经济类型，是中华文明彼此不断交流的两个源泉，它们历经数千年的相互融合，互为补充，汇成气象恢宏的中华文化。

（二）中国传统自然经济的发展阶段和形态

中国传统自然经济的发展以土地所有制为主要尺度，可以区分为殷商、西周和东周至明清两个阶段：殷商两周时期是土地国有及公社所有阶段，或称"三代井田"阶段。东周井田制瓦解至唐中叶均田制瓦解，是土地私有制的确立阶段，唐中叶均田制瓦解到鸦片战争，是土地私有制进一步深入的阶段。后两个阶段又可以划归一个大的段落，也就是土地私有阶段。殷周时期土地国有和集体耕作制是与当时的社会生产力水平低下相适应的，也是在氏族公社解体后，进入阶级社会，血缘贵族保留土地公有制外壳，并继续实行集体生产的一种经济制度。到了西周后期，土地公有制出现瓦解的迹象，诸侯贵族从周天子那里取得土地，他们也逐渐和周天子一样，可以随意处理自己的封地，或用战争的手段掠夺别人的封地。不可否认，那些耕作私田的劳动者也逐渐拥有对私田的部分所有权，奴隶制度逐渐出现瓦解的征兆。东周以后，随着牛耕和铁制农具的使用，农业生产力进一步提高，土地国有形态走向瓦解，井田制被破坏，变"公田"为"私田"的现象普遍出现。尤其是土地买卖的出现，打破了世袭贵族土地所有制时期"田里不鬻"（《礼记·王制》）的旧例。东周以后的土地私有化进程也打破了以往那种集体生产的农耕传统，而向以家庭为单位的个体生产形态过渡。这种男耕女织、以织助耕或以工助耕、以商助耕的自给自足型的家庭小农业，逐渐在中国的农耕经济中占主导地位。与此相适应的政治体制则是，国家直接向个体生产者征收赋税徭役。

尽管东周以后土地日益私有化，农业生产转变为家庭个体生产经营，但并不意味着中国的农耕经济进入了纯粹"自给自足"的状态，恰恰相反，在古代中国土地私有化刚刚起步的时候，与自然经济相对立的商品交换也悄然出现。

总体而言，中国古代商品经济是为了补充农耕经济的不足和满足大一统中央集权国家的需要而产生和发展的，因此，这种商品经济缺乏独立发展的性格，特别是古代中国历朝奉行不渝的"重农抑商"政策，更是加强了商品经济的依附性，从而使它的发展随着封建社会的变迁而呈现出波浪式前进的姿态。当农耕经济较为繁荣、政治较为清平之时，商品经济也随之繁荣；而当农耕经济步入低谷、政治腐败混乱之际，商品经济的发展也受到严重破坏。商品经济对于农耕经济的依附性质又促使工商业者最终回到经营土地的老路上去，促使地主、商人和官僚三位一体的结合。这种性质大大削弱了商品经济对于农耕自然经济的腐蚀瓦解作用。但就总的趋势而言，随着社会生产力的发展和土地私有化的深入，中国古代商品经济呈现出整体上升的趋势。这种不断进步的商品经济，推动了多元化封建经济的繁荣和更新，对旧的生产体制也产生了一定的冲击。正因为如此，到了明清两代，中国传统自然经济进入了一个承前启后的变动时期。

以农耕经济为主体的中国农业自然经济延续力最为持久，悠久昌盛的古代文化正是创造、繁衍、根植于这一经济土壤之中的。在数千年的文化演变发展中，农业自然经济对民族心理、思维方式、意识形态等起到了以下三个方面的重要作用。

1. 农耕经济的延续性造就了中国文化的延续力

中国是一个有数千年历史的文明古国，农耕经济的持续性是中国传统自然经济的显著特点之一。传统农业的持续发展保证了中华文明的绵延不断，使其具有极大的承受力、愈合力和凝聚力。历代以来，中国经历了战乱与稳定的交替，王朝的兴衰更替不可避免，短期的国家分裂时有发生。特别是游牧民族的侵扰与入主中原，都曾在中国历史的不同时期掀起悲惨壮烈的一幕。然而，中国的农耕经济依然向前发展，而建立在这一基础上的中华文明也未曾中断。相反，短期的战乱与分裂更增进了中国文化的坚韧性和向心力：魏晋南北朝是"五胡乱华"的动荡时代，恰恰也是中国农耕文化得到进一步扩展传播的重要时期；辽夏金元是中国历史上又一个较为动荡的时期，但文化的传承一如既往；清朝也是如此。在各民族共同努力下，中国文化得到了进一步的继承和发展。中国文化正是这样伴随着农耕经济的长期延续而源远流长，并且历经动乱与分裂的洗礼而不断得到充实升华，这种文化传统是任何外来势力都无法割断的。

2. 农耕经济的多元结构造就了中国文化的包容性

中国是一个幅员辽阔的国家，各地的自然条件千差万别，社会、政治、文化诸方面的发展水平也有很多差异，因此，古代中国形成了不同的区域文化。这种区域文化格局也造就了中国文化的多元结构。然而随着中国农耕经济向周边扩展，中国文化的包容性又促使这些区域文化相辅相成，渐趋合一。中国文化不仅善于包容百家学说和不同地区的文化精华，而且还长期吸纳周边少数民族的优秀文明，使之交相辉映，增添异彩。魏晋南北朝是中华各民族大融合的时期，充满生机的北方民族精神为中原农耕文化注入了新鲜空气；盛唐是中国最为开放的时代，中国文化的包容性发挥得淋漓尽致，胡汉文化相互融合，促使中国文化更加丰富多彩，生机勃勃。即使对外域文化，中华民族亦能敞开博大的胸怀，扬弃吸收。这种文化开放心态，正是中国文化有容乃大的包容性格的表现。

3. 农耕经济的早熟造就了中国文化的坚韧性

农耕经济的多元成分结构促使中国封建社会经济得到了充分的发展，造就了灿烂辉煌的中国古代文化。但是，中国农耕经济的早熟却不成熟又造成了中国文化的早熟性和凝重性格。早在先秦，我国已有"敬德保民""民为邦本"的思想。以孔孟为代表的儒家学说，以"仁"为核心，强调人与人在道德上的平等，所谓"人皆可以为尧舜""民为贵，社稷次之，君为轻，是故得乎丘民而为天子"（《孟子·尽心下》）。这种民本意识曾受到西欧启蒙思想家的高度赞赏。

中国农耕经济和中国文化与中国社会的多元结构相互配合，加强了传统社会的坚韧性。随着中国封建社会从前期过渡到后期，中国文化日益显露出凝重的保守性格。宋元以后，中国文化的开放性和包容性较之汉唐已有明显的衰退。近现代以来，中国人前赴后继，卧薪尝胆，焕发自强自新之道，使中国文化重新获得了生命活力。

一个民族的文化发展，除受特定的地理环境、经济状况和外来因素的制约外，社会政治结构对其的影响也是至关重要的。就世界几个主要文明古国的发展史来看，中国古代的社会政治结构有以下特点：第一，以血缘关系为纽带的宗法制度完备且系统；第二，专制主义严密。在漫长的历史中，中国一脉相承的专制制度和带有某种血缘温情的宗法制度相结合，形成一种"家国同构"的社会政治结构。

第三节　学习中国传统文化的意义

传统文化是保存先人的成就并使后人适应社会的一种既定形态，中国传统文化是我们先人留下的伟大的精神瑰宝。对待中国传统文化必须注意辩证地分析，批判地继承，而批判继承的最终目的是发展和创新。这就是说在批判地继承中国传统文化的基础上，吸收有价值的外来文化，创造传统与现代相统一、民族与世界相统一的，民族的、科学的、大众的现代中国社会主义新型文化。综合中国传统文化的精华和外来文化的优秀内容，并根据中国社会主义现代化实践的需要做出创新性发展，以完成中国社会主义现代文化建设任务，乃是正确对待中国传统文化、建设和发展现代中国社会主义新型文化的根本途径。

我们正处在一个承前启后、继往开来的重要历史关头。面对科学技术的迅猛发展和世界各国的激烈竞争，面对世界范围内各种文化的相互激荡，面对小康社会人民群众日益增长的文化需要，学习中国传统文化，不断提高广大群众尤其是青年一代的文化素质，对大力推进文化建设具有非常重要的意义。

一、有助于学会做人，提升国人整体素质

"学会做人"看似简单，其实，这是人的最基本的也是最重要的素质。长期以来，人们比较注重使受教育者学会求知，学会做事，这无疑是十分必要的，但往往忽视了更重要的一条，就是教他们学会做人。所谓学会做人，就是学会处理人与人、人与社会的关系；在当代中国就是要有爱国主义、集体主义、社会主义思想，有高尚的道德情操，有正确的世界观、人生观、价值观。

中国传统文化可以说是一种如何做人的文化，非常注重伦理道德和人格修养，被世人归结为伦理型文化。孔子倡导的"仁者爱人""己欲立而立人，己欲达而达人""己所不欲，勿施于人"（《论语·雍也》），浸透了怎样做人的伦理精神。儒家的崇仁、尚义、重节的一系列言论，

以及道家所主张的不为境累，不为物役，绝圣弃智，洁身自好，实际上都是对理想人格的追求和对实现个体价值的向往。中华民族有源远流长的人文教育传统，以儒学为中心的人文教育是中华传统人文教育的主流。这种重礼、崇仁、尚义、追求高尚完美人格的人文教育传统，对受教育者思想感情的熏陶、感染和人格的塑造具有不可忽视的重要作用，培养了一代又一代优秀人物，维系着中华民族的生存和发展。

二、有助于以理性态度和务实精神去继承传统

马克思说过："人们创造自己的历史，但是他们并不是随心所欲地创造，并不是在他们自己选定的条件下创造，而是在自己直接碰到的、既定的、从过去承继下来的条件下创造。"中国传统文化，就是我们"直接碰到的既定的、从过去继承下来的条件"，是影响中国人过去、现在和将来的传统。从一定意义上讲，传统是社会的一种生存机制和创造机制。借助它，历史才得以延续和发展，社会的精神成就和物质成就才得以保存和实现。正因为如此，文化传统并非仅滞留于博物馆的陈列品和图书馆的线装书之间，它还活跃在今人和后人的实践当中，并在这种实践中不断改变自己。每一个有志为民族的未来贡献心智和汗水的中国人，都应该努力熟悉传统、分析传统、变革传统，而学习、研究中国传统文化，则有助于培育这种理性态度和务实精神。

三、有助于增强民族自尊心、自信心、自豪感

中国传统文化是世界上最古老的文化之一，而且是世界上唯一没有过断层的古老文化。它是东方文化的典型代表，有着独特的价值系统和思维方式，是人类文明发展史上的一块瑰宝，对世界文化的发展发挥了重大的推动作用。中国传统文化中有不少在人类历史上光芒四射而且至今仍有重要价值的东西，有不少优于西方文化且在漫长的岁月中在世界上处于领先地位的方面，即使在科学技术领域中也是如此。

随着科学技术的发展，人类社会进入信息社会，人类各民族文化相互交流的深度和广度都在不断拓展。在这样的时代背景下，中华民族及其文化应以怎样的姿态参与合作与竞争，是每一个中国人都应该思考的问题。真切把握一个民族的文化特征，比把握诸如皮肤、头发、眼睛的颜色之类体质特征要困难得多。然而，任何民族，其文化形态尽管纷繁多彩，但都可以寻觅到该民族文化的主色调、主旋律。我们之所以能够从芸芸众生中大致辨识各民族的特征，是因为每一个民族内部固然存在着繁复多样的阶级、阶层、集团、党派及个人修养和性格的差别，但同时也深藏着表现于共同文化上的心理素质，这便是所谓民族精神。中国文化源远流长，博大精深，在相当长的历史时期，一直处在世界领先地位，给世界文明做出了巨大贡献。学习中国文化，是我们认识自己、把握中华民族精神的可靠途径，更是振奋我们的民族精神，增强民族自豪感和

民族责任感，提高民族自尊心和民族自信心，全面弘扬爱国主义，增强凝聚力，同心同德，艰苦奋斗的。

四、有助于准确而深刻地认识中国国情，推动经济发展

古老的中国在漫长的历史时期内，无论在经济文化方面还是在科学技术领域都走在世界前列，处于领先地位，只是自明朝中叶以后才逐渐停滞和衰退并越来越远地落在西方列强之后。以儒学为核心的经世致用的传统文化对经济基础是有积极的能动作用的。由此可见，学习和弘扬中国传统文化对我国经济快速发展必将产生积极的推动作用。

当代中国人面临的历史使命是建设中国特色社会主义，完成这一千秋伟业的认识前提是切实认清中国的国情。中华人民共和国成立以来，中国走过了艰难曲折的道路，取得了举世瞩目的成就。但是，我们的社会发展和文明进步的程度还远远不能满足人民的要求。数千年的传统文化给我们留下了丰厚的遗产，同时也带来因袭的重负。外来文化的积极因素，我们吸取得还很不充分，但其负面影响已引起我们的警惕和忧虑。深入剖析传统文化与外来文化对今日中国的影响，总结我们走过的道路，是认清国情的必要工作。

五、有助于建设中国社会主义现代文明

从古今中外杰出人才的成长过程来看，除老师的教导和课堂学习外，

无不从前人留下的文化精品中得到启发，受到熏染。中国传统文化尤其是其中的经典是非常有价值的。了解这些经典可以开阔文化视野，这些经典多是开放的体系而非实证的结论，是直接涉及社会、人生等普遍性问题的论述，因而既是超越时代限制的，又是极富民族特色的，对后来者极富启迪作用。学习中国传统文化除了能够提升人们的自身修养外，还担负着建设中国未来新文化的任务。中国未来文化无疑是现代文化，但它只能是植根于中国传统文化基础之上并能体现中国传统文化精神的新文化。它既是现代的，又是传统的，是"现代"与"传统"的统一；它既是世界的，又是民族的，是"世界"与"民族"的统一。中国传统文化素有包容精神，能够并善于与外来文化融合，以升华自身。学习中国传统文化，有助于我们开阔视野，解放思想，以海纳百川的气概与开放的心态面向世界，博采各国文化之长，以保持旺盛的活力，创造出更加绚丽多彩的、有中国特色的文化，对人类文明做出自己应有的贡献。

第四节　学习中国传统文化的方法

中国传统文化源远流长，内蕴丰厚，是一个伟大的宝库。学习中国传统文化不能不注意选择适当的方法。可采用的有效方法主要有以下几种。

一、史论结合——历史与逻辑的结合

中国传统文化历经数千年的积淀，内容非常丰富，但在丰富多彩、纷繁复杂的文化现象背后，却有其发展规律可循。对这些规律的探讨和求索的结晶就是中国传统文化理论。我们既要对中国传统文化的来龙去脉、历史沿革有一个明晰的了解，又要避免被浩如烟海的材料淹没，这就需要将史与论结合起来，将历史的方法与逻辑的方法结合起来。其实，历史的方法与逻辑的方法是相通的。正如恩格斯所说："历史常常是跳跃式地和曲折地前进的，如果必须处处跟随着它，那就势必不仅会注意许多无关紧要的材料，而且也会常常打断思想进程。因此，逻辑的研究方式是唯一适用的方式。但是，实际上这种方式无非是历史的研究方式，不过摆脱了历史的形式以及起扰乱作用的偶然性而已。"因此，我们在学习历史的时候，不能为现象所惑，而要透过现象看本质，注重一个个现象背后的规律性的东西，注重历史演进、社会演进的本质性的东西。要学会用逻辑的方法把握历史，概括历史，总结历史的规律，要了解它的发生、发展规律，思考继承与发展以及继往与开来的关系。只有认识本民族的历史，在批判的基础上继承和理解自己的文化传统，才能创造出新的自立于世界民族之林的文化。

二、书本与实际结合——典籍研读与社会体验结合

中国传统文化的要义多被载录于汗牛充栋的古籍之中，研读这些古籍，尤其是具有经典意义的古籍，对于我们把握中国传统文化的精髓，无疑是非常重要的。但这也并非是唯一的途径，因为中国传统文化也有很多内容是以非文本的形式存留于不断发展变化的社会生活之中的，如起居习俗、交往礼仪、行为规范以及衣食住行、婚丧嫁娶等。这就要求我们将视野扩大到社会生活的广阔领域，将文本与非文本、理论与实际、典籍研读与社会体验、探究和思维、静态的学习与动态的学习结合起来，相互参照、相互印证、相互补充，从而对生生不息的中国传统文化有一个全面的、发展的认识。

三、批判与继承结合——创新与弘扬结合

学习中国文化的方法是多种多样的，必须辨别良莠，弘扬精华，摒除糟粕。中国传统文化是历史赐予我们的一份珍贵的遗产，是我们建设现代文化的出发点和基础，因而全盘否定、彻底抛弃传统文化的态度是不可取的。但是，我们又不能不加鉴别、生吞活剥式地学习，这样就会窒息中国传统文化的生命。悠久的文化历史与多元的文化结构，决定了中国文化具有鲜明的矛盾性和两重性，其中有精华，也有糟粕。这就要求我们必须注意取其精华，弃其糟粕，推陈出新，批判与继承相结合。

我们以什么样的标准来区分精华与糟粕呢？这就要看其中是否有科学性、民主性、进步性的因素。因而，对于中国文化，主张全盘继承、全盘复古或主张割断历史、彻底否定都是错误的。新的社会、新的时代对中国文化的建设提出了新的要求。为了完成这一新的历史使命，我们必须以历史唯物主义的科学观和方法论，在批判地继承中国传统文化精华的同时，根据时代要求，与时俱进，开拓创新，才能持续地有所发现，有所发明，有所创造，有所前进，为建设现代化的中国社会主义新文化做出应有的贡献。

第二章　中国传统文学、教育、史学

第一节　中国传统文学

中国古代文学是世界上历史最悠久的文学之一，它经历了长达3000多年没有中断的发展历程，以其辉煌成就而成为全人类文化遗产中的瑰宝。中国古代文学是中国传统文化中最重要、最具活力的一部分，深刻而且生动地体现着中国文化的基本精神。

一、中国古代文学的辉煌成就

由于中华民族先民们的世界观和人生观都具有鲜明的审美观照意味，所以当他们创造自己的灿烂文化时，文学就始终是一个极为重要的组成部分。早在商代的甲骨卜辞中，就已经出现了富有诗意的词句。在春秋时期，诸侯贵族的会盟、聘问等外交活动及祭祀宴会等国事活动中都把"赋诗"作为重要的政治手段。而以孔子为代表的原始儒家，更把"诗教"看成最重要的政治教化活动之一。这些史实都说明即使在文学尚未取得独立地位的上古时期，它在先民们的文化活动中已经占有很大的比重。

到了魏晋时期,文学已经觉醒,文学在古代文化中的地位就越来越重要了。在传统文化的主要载体——古代典籍中,文学所占有比重是首屈一指的,古代集部图书远远超过经、史、子各类。

由此可见,中国古代文学的确是古代文化中极为重要的组成部分。

（一）先秦诗歌和先秦散文

1. 先秦诗歌

《诗经》和《楚辞》,历来合称"风骚",是中国古代诗歌的两大源头,2000 多年来一直被历代诗人尊为学习的典范。

（1）《诗经》。中国最早的一部诗歌总集,主要是四言诗,共收集自西周初年至春秋中叶的诗歌305篇,分为风（民间歌谣）、雅（正声雅乐,大多指宫廷宴饮的乐歌）、颂（统治阶级宗庙祭祀的歌词）三部分,广泛而深刻地反映了2500年前漫长历史时期的社会面貌,尤其是西周至春秋中叶五六百年间的广阔社会生活,表现了干预人生、反映现实的批判意识。《诗经》的表现手法,古人概括为赋（直接的叙述和书写）、比（比喻和比拟）、兴（借助其他事物作为诗歌的发端,以引起所要歌吟的内容）。

（2）《楚辞》。中国古代又一部诗歌总集。它的形式是杂言体,渊源于江淮流域楚地的歌谣。主要作者是屈原,作品有《离骚》《九歌》《九章》《天问》等,另外还有宋玉、贾谊等人。现存《楚辞》中,主要是屈原和宋玉的作品。楚辞的特征曾被宋代黄伯思在《校定楚辞序》中概括为"皆书楚语、作楚声，记楚地，名楚物"。《离骚》是屈原"发愤以抒情"的一首政治抒情诗，它首先叙述了诗人自己的世系、天赋、修养和抱负，回顾了自己辅佐楚怀王革除弊政的过程及受谗被逐的遭遇，表明了自己决不与邪恶势力同流合污的决心。然后借与女嬃、重华的对话，总结了历史上国家盛衰的经验教训，阐明了"举贤授能"的政治主张，并以神游天地、上下求索的幻想境界表达自己对理解的执着追求。最后写自己因苦闷而求神问卜，寻求出路，倾诉了远游他方与眷恋故国的内心冲突，并决心以死殉志。《离骚》是屈原用他的整个生命熔铸成的伟大诗篇，强烈的爱国思想和执着的人生追求融会成激越的精神力量，奇特的想象和瑰丽的语言产生了巨大的艺术魅力。诗中大量运用的"美人芳草"的比兴手法也对后代诗歌产生了深远影响。屈原的作品对中国古代的诗歌、骈文和赋体产生了巨大而深远的影响。

2. 先秦散文

诸子散文和历史散文。其渊源可追溯到殷代甲骨卜辞和稍后的铜器铭文（金文）。卜辞和占筮的筮辞总汇《周易》均为巫官所作，记录的是对神的祈祷与所谓的神的启示。而《尚书》的出现，标志着中国古代散文的正式形成，它是上古的一部官方历史文献，为史官所作，记录了王公的言辞与政令。此后，散文分别向着偏重论说的诸子散文和偏重记述的历史散文两方面发展。

（1）诸子散文。从春秋末年开始，随着社会的急剧变动，"士"的阶层兴起、壮大，成为最活跃的社会力量。他们针对当时的社会现实，提出了各种不同的政治主张，展开论辩，形成了思想史上百家争鸣的局面，于是产生了以论说为主的诸子散文。诸子散文的发展可分为三个时期：第一个时期是春秋末年到战国初期，此时的散文主要是语录体，代表作是《论语》，《论语》主要记录了孔子及弟子的言行，语言简练明白，说理深入浅出；第二个时期是战国中叶，散文已由语录体向对话体、论辩体过渡，代表作是《孟子》《庄子》，其内容大多是论辩之辞，是争鸣风气盛行时典型的散文形式；第三个时期是战国后期，散文发展成专题论著，代表作是《荀子》《韩非子》。这是比较严谨的学术论文集，它们中心明确，条理清晰，逻辑严密，论证充分，具有很强的说服力。

（2）历史散文。先秦史官的记录，大事记于策，小事记于简。把简策按时间顺序编在一起，就成为史书，或称"春秋"（《春秋》之称，微而显，志而晦，婉而成章，尽而不污，惩恶而劝善。后人称"微言大义"或"春秋"笔法。后人对它进行解释、补充，现存《春秋公羊传》《春秋谷梁传》《春秋左氏传》，前两者主要是阐发《春秋》的微言大义，偏重说理，而略于记事，故文学价值不大，或称"史记"（也就是所谓的历史散文）。统治阶级重视总结历史经验教训作为借鉴，这是历史散文兴盛的政治原因。战国时主要有编年体的《左传》，国别体的《国语》《战国策》，专记个人言行的《晏子春秋》。

（二）汉赋

赋是汉代最流行的一种文体，也是中国特有的一种文学样式，它兼有散文和韵文的性质，其主要特点是铺陈写物、不歌而诵。它产生于战国后期，受纵横家游说之辞及楚辞的巨大影响，如荀子的十赋、宋玉的《风赋》《神女赋》等，到汉代达到鼎盛时期。汉赋按题材取向分两大类，抒情言志的短赋与铺陈排比为主要手法的"体物"大赋。

（1）短赋。从汉初贾谊的骚体赋《吊屈原赋》《鹏鸟赋》和淮南小山的《招隐士》，到东汉张衡的《归田赋》，汉末赵壹的《刺世嫉邪赋》、蔡邕的《述行赋》、祢衡的《鹦鹉赋》等。这些赋完全突破了旧的赋颂传统，尽管数量不多，但为建安以至南北朝抒情言志、写景吟物赋的发展开拓了道路。

（2）大赋。标志着汉赋正式形成的第一个作家和作品是枚乘的《七发》。写楚太子有病，吴客前去问候，通过主客的问答，批判了统治腐化享乐生活，说明贵族子弟的这种疾病，根源于统治阶级的腐朽思想，一切药石针灸都无能为力，唯有"要言妙道"从思想上治疗。文中用七段文字，铺设了音乐的美妙、饮食的甘美、车马的名贵、漫游的欢乐、田猎的盛况和江涛的壮观，是一篇承前启后的重要作品。

汉代大赋成就最高的代表作家是司马相如，代表作《子虚赋》和《上林赋》，也有人认为二赋本为一篇，即《天子游猎赋》，赋中对田猎盛况和宫苑的豪华壮丽做了极为夸张的描写，并归结到歌颂汉帝国的强盛和汉天子的威严。赋尾则委婉地表达了惩奢劝俭的用意，但这种讽谏方式只能得到"劝百讽一"的实际效果。

扬雄是西汉末年最著名的赋家，四赋（甘泉、河东、羽猎、长杨）是他的代表作。这些赋在思想、题材和写法上，与司马之赋相似，但讽刺成分增加很多，艺术水平有了进一步的提高。后人称"扬、马"。班固是东汉前期的著名赋家，代表作《两都赋》，与张衡的《两京赋》同为"京都大赋"，也是汉代大赋的代表作。

赋中有对统治阶级的劝谏之词。尽管收效甚微，但不应抹杀。赋在丰富文学作品的词汇、锻炼语言词句、描写技巧方面，取得了一定成就。建安（东汉建安年间的孔融、陈琳、王粲、徐干、阮瑀、应玚、刘桢与曹操、曹植、曹丕共同构成建安文学的主力军，长于诗歌、小赋、散文）以后的很多诗文，往往在语言、辞藻和叙事状物的手法方面，从汉赋中得到不少启发。

从文学发展史上看，两汉赋的繁兴，对中国文学观念的形成，也起到了一定的促进作用，使文学与一般学术（如儒学、经学等）日益区分开来。

（三）唐诗

中国是诗的国度，唐诗是诗国中最为辉煌的高峰，唐朝也是中国诗歌史上最辉煌的时代，初、盛、中、晚，流派迭起，名家辈出。

1. 初唐诗歌

初唐四杰指王勃、杨炯、卢照邻、骆宾王，他们是一群地位不高但才华横溢的年轻诗人，不满意宫廷应制诗的空虚内容和呆板形式，热切要求抒发自己建功立业的豪情壮志和悲欢离合的人生感慨。后人称"四杰"为唐诗"始音"，承认他们开启了一代新风。

武则天时代的陈子昂将"四杰"的创新事业大大向前推进了一步。他提倡"汉魏风骨"，主张继承建安、正始时期诗歌的现实内容和雄健风格，用以抵制和扫荡齐梁以来的浮靡风气，这样以复古为革新，从理论上端正了唐诗的发展方向。其代表作有《感遇》《登幽州台歌》。

2. 盛唐诗歌

盛唐指唐玄宗开元、天宝时期的 50 年，唐诗在此时达到鼎盛。

（1）山水田园诗派。代表人物王维、孟浩然，因此也称为"王孟诗派"。他们继承陶渊明、谢灵运的传统，以清新秀丽的语言描绘优美的山水景色和宁静的田园风光，以表达对大自然向往和对污浊官场的厌恶，有较高的审美价值，对提高民族的审美水平有杰出贡献。代表作有王维的《渭川田家》《鹿柴》《竹里行》《田园乐七首》，孟浩然的《江上思归》《过故人庄》《春晓》。

（2）边塞诗派。代表人物是高适、岑参，故称"高岑诗派"，还有王昌龄、李颀、王之涣等。他们结合壮丽辽阔的边疆景象，表现驰骋沙场、建功立业的壮志豪情，抒发慷慨从戎、抗敌御侮的爱国思想，反映征夫思妇的幽怨以及边疆的荒凉艰苦生活，同时也反映了唐帝国内部的各种矛盾。他们的作品气势奔放、慷慨激昂，给人以奋发向上的力量。代表作有高适的《燕歌行》《蓟门五首》，岑参的《走马川行奉送出师西征》《轮台歌奉送封大夫出师西征》，王昌龄的《出塞》《从军行》，李颀的《古从军行》等。

（3）李白、杜甫。李白、杜甫分别以热情奔放与沉郁顿挫的风格，将唐代乃至整个中国古代诗歌艺术推向高峰。李白的诗歌想象奇特，手法夸张，语言清新，具有强烈的艺术魅力，时称"诗仙"，代表作有《梦游天姥吟留别》《行路难》《将进酒》《蜀道难》等；杜甫的诗歌风格雄浑、语言精练、叙事严谨，深刻反映出大动乱中社会的残破和人民的苦难，后人称"诗史"，代表作有《丽人行》《兵车行》《北征》《羌村》"三吏""三别"等。

3.中唐诗歌

以白居易为代表的新乐府派和以韩愈为代表的意境派。

（1）新乐府运动。乐府本为掌管音乐的机构，始设于秦，汉武帝时，为了宫廷娱乐和庙堂祭祀的需要，开始大规模采集各地民歌，这些民歌经过加工配乐，后来就称为乐府诗，乃至称为"乐府"。其中《孔雀东南飞》代表汉乐府民歌的最高成就。中唐时期白居易等倡导的现实主义诗歌革新运动，主要代表作家有白居易、元稹、李绅、张籍、王建等人，所以加"新"是与原来的乐府有所不同。从建安时起，文人写乐府皆用古题，而白居易则完全自创新题以写时事。他们继承了汉乐府"缘事而发"的现实主义精神，虽然不曾人乐歌唱，但应认为是真正的乐府诗。其特点主要是认为诗歌要反映民生疾苦，担负起"补察时政""泄导人情"的使命，达到"救济人病裨补时阙"的目的，即所谓"始知文章合为时而著，歌诗合为事而作"。代表作有白居易的《新乐府》五十首，李绅的《新题乐府》二十首，元稹的《和李校书新题乐府》十二首，张籍的《野老歌》等。

（2）韩孟学派。以中唐诗人韩愈和孟郊为代表，又称险怪诗派。他们着力实践杜甫的"语不惊人死不休"的主张，在形式上追求翻空出奇，因而形成一种奇险怪僻的诗风，具有某些形式主义的倾向，但对扭转大历以来的平庸靡荡的诗风起了一定作用。代表作有韩愈的《南山》，孟郊的《秋怀》和《游子吟》。此外，贾岛、卢仝、马异等，也是此派人员，时人有"郊寒岛瘦""卢奇马怪"之语。

4. 晚唐诗歌

随着唐王朝灭亡命运的临近，反映在诗歌中感伤颓废情调和藻饰繁缛的风气逐渐增加。杰出的诗人有杜牧、李商隐、温庭筠（后人称温李），他们的诗歌充满伤时忧国的感喟，给人以"夕阳无限好，只是近黄昏"的没落感。但他们对诗歌艺术的技巧做出了独特贡献，尤其是工七言近体，律对精切，文辞清丽，笔意婉转，情味隽永商隐，开拓出声情流美、翰藻浓郁的胜境。代表作有杜牧的《江南春》《泊秦淮》，李商隐的《有感》《无题》，温庭筠的《过陈琳墓》《经五丈原》等。

（四）宋词

词是中国诗歌中一种具有独特格律的抒情短诗，源于民间，是一种合乐而唱的新诗体，句子有长有短，又称"长短句"。文人词的创作始于唐，兴于五代，盛于两宋。

1.婉约派

词风委婉柔美，以柳永、秦观、李清照为代表。在内容上坚持"诗庄词媚"的主张，多以艳情为题材；在形式上则严守音律，讲究含蓄，语言精丽清新，情思曲折而真切。代表作有柳永的《雨霖铃》。

2.豪放派

由北宋词人苏轼开创，经南宋辛弃疾发展而推向高峰。重要作家还有张元干、张孝祥、陈亮等。此派词人多有政治热情和豪爽的英雄本色，胸怀坦荡，抱负远大，故能突破"词为艳科"的藩篱，凡抒情、状物、记事、说理、怀古、感旧、无事无意不可入词，开拓了词的题材领域；又敢于突破音律束缚，不喜剪裁以就音律，畅所欲言，直抒胸臆。意境雄奇阔大，风格豪迈奔放，语言流利畅达，把词引向健康广阔的道路。代表作有苏轼的《水调歌头·把酒问青天》《念奴娇·赤壁怀古》，辛弃疾的《水龙吟·楚天千里清秋》《永遇乐·千古江山》等。

3.姜张格律派

以姜夔、张炎为首的南宋词派。其代表作家还有史达祖、吴文英、高观国、王沂孙、周密、陈允平等。此派专求音律协调，字句工丽。他们不问国家社会的处境，而集结词社，分题限韵，写出许多华丽的作品。代表作有姜夔的《暗香》《疏影》，被认为是"前无古人，后无来者，自立新意，真为绝唱"；史达祖的《双双燕》《绮罗香》，前者描写春燕，后者咏雨，通篇无一个雨字，却没有一句不切题，称为"不著一字，尽得风流"；张炎的《南浦》，从飞燕、落花、鱼痕、扁舟、青草、流云等角度去写春水，手法活泼，风致盎然，人称"张春水"。宋亡后，作品格调凄清，表现出"亡国之音哀以思"的特点，后人以姜张并称。

宋词的题材内容和艺术风格都出现了异彩纷呈的景象，但是相对于诗，宋词自有其独特的传统。婉约词的传统是源远流长的，在全部宋词中，婉约词在数量上占绝对优势。因此宋词在总体上具有以下特征：题材走向上注重个人的生活而不是社会现实，表现功能上长于抒情而短于叙事，风格倾向上偏嗜阴柔和婉而不是阳刚雄豪。宋词委婉含蓄的美学特征是中华民族传统审美思想的典型体现。

（五）元曲

元曲包括元代散曲和元代杂剧。散曲是在长短句基础上发展起来的一种文学样式。它多用于抒情、写景、叙事，便于清唱，但无宾白科介，包括小令和散套两种主要形式。小令是独立的单支曲子，散套则是两首以上同一宫调的曲子相连而成的组曲。而杂剧是在金院本和诸宫调的直接影响下，融合各种表演艺术而成的一种完整的艺术形式。杂剧的语言以北方的民间口语为基础，吸收民间文艺的营养，具有质朴自然、生动活泼的特点，它把歌曲、宾白、舞蹈、表演等有机结合在一起，形成了具有独特民族风格的戏剧艺术形式，并在唐宋话本、词曲、讲唱文学的基础上产生了韵文和散文结合的完整的文学剧本。

元曲四大家有关汉卿、马致远、白朴、郑光祖。代表作有关汉卿的《窦娥冤》，它是古典悲剧的典范。写窦娥婆媳与张驴儿父子的事，窦娥在临刑前发誓：一要颈血飞洒到丈二白练之上，二是六月降雪掩埋其尸体，三要当地大旱三年。此外，还有《救风尘》《单刀会》《望江亭》等。马致远的《汉宫秋》，写昭君出塞和亲的故事。剧本突出了昭君对祖国的深沉的爱。白朴的《梧桐雨》（写唐明皇与杨贵妃的爱情故事）《墙头马上》（塑造了一个大胆追求爱情的少女形象）。还有郑光祖的《倩女离魂》。

元杂剧反映了广泛的社会生活，内容极其丰富，主要题材有以下五类：一是爱情剧，它们主要描写青年男女对爱情与婚姻自主的追求，鲜明体现了反对封建制度及封建道德规范的倾向，代表作有王实甫的《西厢记》、白朴《墙头马上》等；二是公案剧，它们一般通过刑事案件的审判，揭露贪官污吏贪赃枉法、草菅人命的罪恶，歌颂人民群众的不屈斗争，同时也表彰廉洁公正的清官，代表作有关汉卿的《窦娥冤》《鲁斋郎》及无名氏的《陈州粜米》等；三是水浒剧，它们主要描写梁山英雄除暴安良、解民倒悬的侠义行动，其中尤以梁山好汉李逵的戏为多，代表作有康进之的《李逵负荆》等；四是世情剧，它们主要揭露社会上形形色色的丑恶现象，批判伪君子之类人物，代表作有关汉卿的《救风尘》、郑廷玉的《看钱奴》、春简夫的《东堂老》等；五是历史剧，它们主要表现历史上重大的政治斗争和民族斗争，歌颂忠臣义士，谴责奸臣贼子，表彰民族英雄，批判异族侵略者和卖国贼。一般来说，这些历史剧都有借古讽今的含义，曲折地表达了元代人民的政治、道德观念。元杂剧在艺术上取得了辉煌成就，塑造了形象鲜明、面目各异的舞台形象。它善于组织矛盾冲突，场面紧凑，高潮迭起。元杂剧的语言大多质朴自然，洋溢着浓郁的生活气息。

元杂剧高扬了反抗精神，抨击了黑暗势力、落后观念和丑陋风习，歌颂了不畏强暴、反抗压迫、争取自由的叛逆形象。例如《窦娥冤》中的窦娥，身为一个无依无靠的弱女子，遭受到地主盘剥、恶霸地痞横行、贪官污吏枉法的重重迫害，最终含冤被杀。但她没有逆来顺受，而是不屈不挠地与邪恶势力进行斗争，直到走上刑场后还指斥天地，诅咒日月鬼神，用生命对黑暗社会做了最后的控诉和批判。虽然窦娥的力量不足以战胜黑暗势力，作者关汉卿只能用幻想的方式为她死后申冤，但正因为这是弱者在力量悬殊的情形下进行的坚决反抗，才更具有震撼人心的力量。

元杂剧褒贬分明，剧中人物的忠奸美恶判若泾渭，这种体现着大多数人意志的价值判断具有一定的民主倾向和进步意识。如纪君祥的《赵氏孤儿》，该剧描写了春秋时期晋国忠臣赵盾遭诬陷，一家300余口被杀，并试图将晋国所有同龄婴儿全部杀戮。一批志士仁人则想方设法保护孤儿，当屠岸贾为诛杀赵氏孤儿下令将晋国所有的同龄儿全部杀戮时，程婴、公孙杵臼二人合谋定计，分别以舍子、献身的壮举制止了浩劫，从而保全了孤儿，最后伸张了正义，复仇除奸。《赵氏孤儿》体现了震撼人心的道德力量，程婴等人之所以能见义勇为乃至舍生取义，支持着他们的正是坚定的道德信念。由于这种信念完全符合中国人民助善惩恶、抗暴除奸的价值判断，所以此剧历来受到人们的喜爱。《赵氏孤儿》在18世纪传入欧洲，经翻译、改编后多次上演，产生了巨大影响。

元杂剧体现了中国戏剧文学的一个特征，以浪漫的理想化方式处理现实主义题材。总是具有"大团圆"的结局，成为俗套，有时还严重地削弱了剧本的思想意义。如杨显之的《潇湘雨》中的张翠鸾遭到丈夫的遗弃、谋害，但最后却仍与他妥协、复婚。然而这种方式体现了"善有善报、恶有恶报"的信念，体现了正义战胜邪恶、幸福普降人间的美好愿望。所以元杂剧中的正面人物往往被赋予大智大勇的品质，而且常常取得斗争的胜利，例如公案剧中的包公，不但明察秋毫，断案如神，而且总能严惩那些作恶多端的"权豪势要"，这显然并不是当时社会现实的真实反映，而是对人民愿望的艺术处理。

（六）明清小说

中国小说的根源是古代神话、传说和寓言。中国的小说经历了先唐笔记小说、唐代传奇小说和宋元话本小说三个发展阶段后，到明清时代臻于极盛，涌现出《三国演义》《水浒传》《西游记》《儒林外史》《红楼梦》五部著名的长篇小说。

《三国演义》是明初罗贯中作的历史演义小说。它取材于东汉末年和魏、蜀、吴三国鼎立的一段历史，为那个群雄逐鹿的动荡时代提供了全景式的历史图卷，创造了数以百计的栩栩如生的人物画廊，其中雄才大略又奸诈残暴的曹操，足智多谋、忠贞耿直的诸葛亮，勇武刚强、忠义凛然的关羽，宽仁爱民、知人善任的刘备，勇猛粗犷、疾恶如仇的张飞，以及气量狭小的周瑜，不堪造就的刘禅等都已成为家喻户晓的人物典型。《三国演义》描写错综复杂的政治、军事、外交斗争，崇尚智谋，它在客观上把统治阶级的斗争手段、谋略向民间普及，成为一部形象化的政治、军事教科书，包含着十分深厚的文化内蕴。

《水浒传》是完成于明初的英雄传奇小说，一般认为它的作者是施耐庵。北宋末年宋江等人起义反抗官府，这个故事在民间广为流传，在宋元话本和元杂剧中都有所反映。《水浒传》就是在这些传说的基础上创作的。《水浒传》深刻地揭示了"官逼民反"的道理，它描写的108位英雄出身各异，既有贫苦的渔民、猎户、农民、小市民，也有小官吏、军官和地主，他们都因不堪忍受统治者的剥削和压迫而奋起反抗，聚义梁山。《水浒传》严厉批判了封建统治阶级的腐朽和凶恶，热情歌颂了起义的英雄，塑造了宋江、武松、林冲、鲁智深、李逵等性格各异的典型人物。《水浒传》所描写的造反是以"忠义"为行动准则的有限度的反抗。"忠义"作为一种伦理道德观念，具有深厚的封建色彩，但它也含有牺牲个体利益以维护正义的献身精神。所以在《水浒传》中，歌颂反抗与宣扬忠义是并行不悖的，这正是传统文化精神两面性的体现。

《西游记》是明代出现的神话小说。唐代高僧玄奘远赴天竺（印度）取经的故事在民间流传的过程中逐渐增饰，《西游记》在此基础上进行了创造性的艺术加工。它的主要内容可分为两个部分：一是孙悟空出世、学艺及大闹天宫；二是孙悟空与猪八戒、沙僧保护唐僧往西天取经。贯穿全书的中心人物是石猴孙悟空，他机智勇敢，尚侠行义，正直无私。《西游记》的思想倾向很复杂，它一方面肯定孙悟空大闹天宫，体现了蔑视统治者的权威，反对不合理社会秩序的叛逆精神；另一方面又肯定孙悟空等人护法取经，体现了维护既定秩序的观念，这一点与《水浒传》一样，反映了传统文化精神的两面性。

清代乾隆年间（18世纪中叶），吴敬梓的《儒林外史》和曹雪芹的《红楼梦》先后问世。《儒林外史》以批判科举考试制度，讽刺受科举制度毒害的儒林人物的丑态陋行为主要内容。在此以前，人们对科举制度的批评大多停留于它的不公正、不完善，《儒林外史》却把批判的矛头对准这种制度本身，深刻揭露了它禁锢思想、毒害人心从而祸国殃民的罪恶本质。周进、范进、匡超人等本性良善的读书人在科举制度的引诱下一个个变成了不学无术的腐朽官僚或无耻小人，而大批本来心术不正的人更通过科举成为贪官污吏（如王惠）或鱼肉乡民的劣绅（如严贡生）。《儒林外史》还揭露了官场的腐败、社会的黑暗以及封建道德的虚伪和残酷。它以严肃、公正的态度，高度概括的手法，生动隽永的语言，一针见血地揭露了隐藏在人物言行和社会现象后面的丑恶本质，它的讽刺艺术达到了中国文学史上前所未有的高度。

《红楼梦》是中国古代文学史中优秀的现实主义巨著，也是古代文学的光辉总结。《红楼梦》以贾府这个累世公侯的封建官僚家庭由盛转衰的过程为主干，深刻揭示了封建社会必然走向没落的历史命运，堪称封建末世的百科全书。《红楼梦》对封建的国家政治制度、家庭宗法制度、科举制度、婚姻制度以及依附这些制度的伦理道德、价值规范进行了大胆否定和批判，成功塑造了贾宝玉、林黛玉这一对封建官僚家庭的叛逆者的形象。贾府的统治者把重振家业的希望寄托在聪明灵慧的宝玉身上，可是宝玉顽强地逃避既定的封建贵族人生道路。他对封建家庭的反抗既是为了追求恋爱自由，也是出于对整个封建制度及其思想体系的厌恶。所以他把程朱理学斥为"杜撰"，把封建政治学说（"仕途经济"）斥为"混账话"，把科举制度斥为"诓功名混饭吃"，把"文死谏，武死战"的封建道德斥为"胡闹"。他还彻底否定"男尊女卑"的封建观念，把全部热情倾注在不幸的女性身上。林黛玉作为一个寄人篱下的贵族小姐，不但以清高孤傲的举动维护着自己的尊严，而且不守闺训勇敢地追求爱情，在一切价值观念上都持与宝玉相似的观点。站在宝、黛对立面的则是以贾母、贾政为首的封建家长。他们有的道貌岸然而实质虚伪、冷酷，有的凶狠阴险、荒淫无耻，是日益走向灭亡的腐朽势力的艺术象征。宝、黛最后以"死"殉情（宝玉的出家意味着尘世生命的结束），就是年轻的叛逆者对腐朽封建势力的殊死反抗。《红楼梦》一方面凝聚着传统文化的精华，它发扬了崇尚理性、追求真善美的精神，并以审美观点使家庭日常生活升华进入诗的意境；另一方面又体现了对传统文化，尤其是对重群体轻个体的价值取向的深刻反思。宝、黛以死相争的正是个体的自由和尊严。

吴敬梓和曹雪芹都出身封建官僚家庭，都深受传统文化的影响，他们以艺术家特有的敏锐目光洞察了封建制度的弊病，揭露了它必然灭亡的历史命运，但他们是怀着悲凉和惋惜的心情看待这个历史趋势的，《儒林外史》和《红楼梦》就是他们为封建制度及其文化传统唱的一曲挽歌。两部小说的成功主要在于对封建制度及传统文化的深刻反思，对于新的社会力量、新的文化类型则仅仅提出了朦胧的希望。

这一时期的著名小说还有冯梦龙用当时流传话本改编的《喻世明言》《警世通言》《醒世恒言》，合称"三言"，凌濛初创作的话本小说《拍案惊奇》《二刻拍案惊奇》，合称"二拍"。明清之际，有自署抱瓮老人者，从"三言二拍"中选辑 40 篇，编成《今古奇观》一书。清朝有蒲松龄的《聊斋志异》，纪昀的《阅微草堂笔记》，袁枚的《子不语》，俞樾的《右台仙馆笔记》等。

二、中国古代文学的文化特征

与西方文学相比，中国古代文学具有特别鲜明的人文色彩和理性精神。即使在上古神话中，中华民族的先民所崇拜的也不是希腊、罗马诸神那样的天上神灵，而具有神奇力量并建立了丰功伟绩的人间英雄。

1. 具有关注现实的理性精神

中国古代文学具有鲜明的人文色彩和理性精神。如上古的神话传说的"女娲补天""后羿射日""大禹治水"等，都是人间英雄。还有抒情文学和叙事文学，作家总是把目光对准人间而不是天国。他们以巨大的力量克服了自然界的种种灾难，使人民得以安居乐业。他们与希腊神话中那些高居天庭俯视人间、有时还任意惩罚人类的诸神是完全不同的。"夸父逐日""精卫填海"等故事则反映先民们征服时间、空间阻隔的愿望，体现了中华民族刚健有为、自强不息的精神。宗教对中国古代文学的影响主要体现为作家世界观和思维方式的多元化，而没有造成文学主题偏离现实的转移。例如在唐诗中，几乎所有的诗人都以满腔热情去拥抱人生，且不说讴歌边塞题材的高适、岑参和关心民间疾苦的白居易、元稹，即使是喜爱刻画鬼神世界的李贺，其实也以对黑暗现实的憎恶反衬着对美好人间的向往。又如明清的著名小说都以社会现实生活为主要题材，即使是神话小说《西游记》也不例外。孙悟空蔑视天庭的统治秩序，即使失败后仍保持着傲骨，对佛祖菩萨也敢嘲弄揶揄。《西游记》寄托了人民反抗社会邪恶势力的理想，因为那些妖魔全都贪婪凶狠，残害百姓，有的还与天上神佛沾亲带故，显然是人间邪恶势力的象征。

古代的英雄崇拜其实是先民们以自身力量崇拜，因为神话传说中的英雄都是箭垛式的人物，是先民们对自身集体力量的艺术加工。所以在古代神中产生了有巢氏、燧人氏、神农氏等人物，他们分别是发明了筑室居住、钻木取火及农业生产。而黄帝及其周围的传说人物更被看作中国古代各种生产技术及文化知识的发明者（如嫘祖发明蚕桑，仓颉造字等）。在经过后人加工的中国上古神话中，神话的因素与历史的异己力量出现，是人类自身力量的凝聚和升华。神话人物的主要活动场所是人间，他们的主要事迹是除害安民、发明创造，实即人类早期生产活动的艺术夸张。因此，中国的上古神话或多或少具有信史化的倾向，许多神话人物一直被看作是真实的历史人物在神话传说中的投影。可见人文色彩和理性精神正是中国上古神话所体现的中国文化特征。

2. 具有"文以载道"的教化传统

就是以诗文为教化手段的文学功用观。中国古代的文学家都是在以儒家思想为主的传统思想哺育下成长起来的，"治国平天下"的入世思想是大多数作家共同的人生目标，而"兼济天下"与"独善其身"互补的人生价值取向则是他们的共同心态。在这种背景下，以诗文为教化手段的文字功用观成为古代最重要的文学观念。早在春秋战国时期，儒家就倡导诗教。其他诸子著书立说的目的就是为了宣扬其政治理想和对社会的设计。因此，他们的"文"都是为其"道"服务的。这种传统对中国文学发展有正、负两面的深刻影响。一方面，它为古代文学注入了政治热情、进取精神和社会使命感，使作家重视国家、人民的集体利益，即使在纯粹个人抒情作品中也时刻不忘积极有为的人生追求。例如在唐代诗人中，杜甫，忧国忧民，对儒家仁政理想的不懈追求，对国家人民命运的深切关注成为杜诗的核心内容。即使是浪迹五岳、神游九垓的李白，也在诗中强烈表达了追求功名事业、要在外部事功的建树中实现人生价值的理想，而且明确地以孔子作《春秋》为自己的文学事业的典范。至于唐宋古文运动的巨大成就，更是在"文以载道"思想的直接指导下取得的创作实绩。另一方面，它使文学在一定程度上沦为政治的附庸，从而削弱了其主体意识和个性自由。这种消极影响不但体现在士大夫的诗文作品中，而且体现在小说戏曲等叙事文学中。例如元杂剧虽然高扬了针对黑暗势力的反抗精神，歌颂了反抗压迫、争取自由的民主思想，但它往往以道德判断作为审美判断的核心价值参数，而且这种道德判断中常混杂着封建伦理说教的糟粕，这就严重地损害了其思想意义。

3. 具有写意手法和中和之美

中国古代文学最重要的性质是抒情。重抒情使中国古代文学在写物手法上不重写实而重写意。这导致中国古代文学两大文化特征。

一是中国古代文学不仅是古代中国社会的生动图卷，更是古代中国人的心灵记录，这使它成为解中华民族传统文化心理的最好窗口。假如我们要想了解禅宗思想与理学思想对宋代士大夫的影响，最好的材料不是禅守语录或理学讲章，而是宋诗。只要你仔细阅读王安石、苏轼、黄庭坚等人的诗歌，就能对宋人融儒道释为一体的思想面貌有直观而真切的把握。二是中国古代文学追求的艺术境界是空灵、神似。那种为历代文学家所憧憬的变化莫测、知其妙而不知其所以妙的艺术化境界，正是在精练含蓄的艺术表现形态基础上才有可能达到的目标。

同时儒家倡导的"中庸"精神对中国古代文学有深刻的影响，孔子称赞《诗经》"乐而不淫，哀而不伤"，这种观点发展为"温柔敦厚"的"诗教"说，即主张在文学作品中有节制地宣泄感情，而不要把感情表达得过分强烈。这就使整个中国古代文学作品呈现出一种"中和"之美，很少有剑拔弩张地表达狂怒或狂喜的作品。而是以"冤而不怒""婉而多讽"的方式来批判现实。诗人在抒写内心情感时总是委婉曲折，含蓄深沉。中国古代诗歌中决不缺少深挚的感情，但从未达到过西方诗歌那种"酒神"式的迷狂程度。情感宣泄的适度与表现方式的简约使中国古代文学的总体上具有含蓄深沉、意味隽永的艺术特征，这正是中华民族平和、宽容、偏重理性的文化性格特征在古代文学中的积淀。

第二节　中国传统教育

一、中国古代教育的发展历程

中国古代教育历史悠久，源远流长。经过历代教育家的不断实践及概括提炼，形成了比较完整系统的教育机制，构成了中国传统文化不可或缺的重要组成部分。可以说正是中国古代辉煌的教育成果，才使传统文化得以不断延续和发展。中国古代教育塑造和形成了中华民族独有的精神品格和民族心理。中国古代文化是靠中国古代教育一代一代地传递下来的。

（一）中国古代教育的历史沿革

古代中国，视教育为民族生存的命脉。由于我们的祖先很早便知道教育的重要，所以远在四五千年以前就开始了有组织的教育活动。根据历史文献记载，中国古代教育的起源，可以追溯到夏以前。传说中的伏羲、神农、黄帝、尧、舜等，都十分重视教育。由于中华民族具有重视教育的悠久优良传统，所以四五千年来，中国古代灿烂辉煌的文化不仅能一脉相承，历久弥新，而且其内涵也较世界上其他古老民族更加充实而辉煌。原始社会主要是口耳相传的劳动教育，夏代已经出现了学校教育。

西周时期已经建立了一套比较完整的教育制度。商周时期，中国文化已有相当的积累，知识大体具备规模，这就为中国古代学校教育的兴盛创造了条件。有专门的教学机构，分为国学和乡学两种；教育的内容是"六艺"（礼、乐、射、御、书、数）；有教师队伍，教师由当时的现职官员或退休官员担任，分工明确，级别分明，并初步形成了学生入学年龄及学习年限、考查、奖惩、皇帝视学等制度。

到春秋战国时期，"私学"作为一种新兴的教育组织形式发展起来，出现了一批闪烁着智慧光芒的民间私学大师，如孔子、墨子、孟子、荀子等。他们在教育思想上都有所建树，这是私人自由讲学带来的成果。《学记》《大学》就是这一时期丰富的教育经验与教育理论的总结，成为世界上最早出现的自成体系的古典教育学专著，奠定了中国古代教育思想的基础。

汉代开创太学。太学是专门传授知识、研究学问的地方。汉武帝元朔五年（公元前 124 年）开创太学，设在京师长安的西北城郊，规模相当可观。它作为中国当时的最高学府，与西方的雅典大学、亚历山大尼亚大学等同为古老的高等学校。太学选聘学优德劭者任教授，称为"博士"；招收学生随教授学习，称为"博士弟子"。太学的课程以通经致用为主，学生分经授业，经考试及格，任用为政府官吏。政府给予"博士弟子"以极优厚的待遇。西汉平帝元始四年（公元 4 年）为太学学生始建校舍，能容纳万人，规模巨大。东汉太学学生增达 3 万多人，京师形成了太学区。东汉太学有内外讲堂，同时听讲的人数在数百人以上，出现了"大都授"——集体讲授的教学形式。除中央政府所办的太学之外,还鼓励地方政府办学,郡国曰"学",县曰"校",乡曰"庠",聚曰"序"。私学则分两种,小学程度的称为"书馆";由著名经师设帐聚徒讲学的,一般具有大学程度。班固赞颂汉代"学校如林,庠序盈门",可以想象当时学校教育发达的盛况。

两汉教育以儒学经典为教材,虽然经师们因派别和师法不同,讲授内容大相径庭,但对于教育的主张,却在"明经修行"这一点达成共识。东汉灵帝时,为了正定五经文字,在熹平四年(175年)由蔡邕等以隶书书写《易》《书》《诗》《仪礼》《春秋》《公羊传》《论语》,刻于碑石上,作为官方教材,立于太学,史称"熹平刻经",又称"一字石经"或"一体石经"。汉代的教育设施、教育思想和汉代的选举(选士)制度是互相配合的。汉高祖以来即有选士的举措,目的在于招纳贤良,共安天下。汉文帝二年,下诏举贤良方正、直言极谏之士,对各地选上来的士人,经过测试,然后加以任用。汉武帝时,除贤良方正的选考外,又有孝廉茂才的察举,甚至规定郡国人口20万人以上,每年察举孝廉1人,40万人以上2人,如此类推。考察贤良方正,注重上层的政务及文字水平;察举孝廉则偏重德行。孝廉每年察举一次,中选以后,不必考试,就可以被委任为官。到东汉末年,这种制度也产生了弊端,出现了假冒作伪等现象。

晋代中央学制分为国子学和太学。前者限五品以上的贵族子弟入学,后者为平民子弟而设。太学的规模很大，晋武帝时，太学生曾超过7000人。北方少数民族所建十六国中，不乏仰慕汉族文化而兴学者，如前赵刘曜、后赵石勒都建立了太学及小学。南北朝时期，学校教育以北朝为盛。北魏太学亦设五经博士，学生为州郡选派，多达3000人。南朝宋文帝时，在京师设立儒学、史学、玄学、文学，称为"四学制"，打破了儒家一统教育的状况。魏晋南北朝的选士制度，除了察举孝廉、秀士仍沿用两汉旧制外，又新增一种旨在匡正两汉案举制度之流弊的"九品中正制"。这一制度意在设立铨叙、考选的专门官员，以代替乡里的毁誉。各州、郡、县等地方政府，都设置大大小小的"中正"，由当地人在诸府公卿及台省郎吏之德充才盛者担任。大小"中正"定为九等。"中正"的品评，以言行道义决定升进与黜退。这一制度实行了近400年。由于铨叙、考选操诸一人，以一人之好恶，评全邑人之高下，而"中正"的评论又决定着官员的选拔任用，所以很容易出现流弊。更由于门阀世族社会总格局的制约，便造成"上品无寒门，下品无世族"的负面效应。

唐代复兴汉代教育传统，同时又继承魏晋南北朝以来教育的成果，全面地加以发展，使学校教育达到了新的发展高峰。隋唐时期针对"九品中正制"的流弊，建立了健全的科举考试制度。学校教育、社会教育、官员的升擢任用，均服从或从属于科举考试。选拔人才与培育人才的标准和要求一致起来，不仅促进了唐代学校教育和社会教育的发展，而且也使寒门庶士有了学优从政的可能，在一定程度上促进了当时的政治革新。唐代取士之法，大略有"生徒法""贡举法""制举法"。从京师之六学二馆及州县之诸学校的学生中，选其成绩优良者，送入京师尚书礼部受试，叫作"生徒法"。非在校学生，先试于州县，及格后再送至京师复试的，叫作"贡举法"。唐代科举考试在不同时期，其科目设置也不尽相同。其中常见的有秀才（试方略五道）、进士（试时务策五道，贴一大经）、明经（先贴文，然后口试经问大义十条，答时务策三道）、明法（试律令七条）等，又设有书法、算学、诸史、三传、童子等科，有时亦设道举科，考试道家经典。所谓"制举法"系特种考试，以待非常之才，试于殿廷。

唐代建立了从中央到地方完备的学制体系。中央设国子监总辖各学。国子监具有双重性质，既是大学，又是教育行政管理机构。下设国子学、太学、四门学、书学、算学、律学等，此外还有弘文馆、崇文馆。地方官学——府州县学和专门学校也很发达。唐代周边各国先后派来留学生，到中国来学习经史、法律、礼制、文学和科技等文化。当时的国都长安成为东西方各国文化教育交流的中心。中国文化通过留学生的来往而传播到东西方各国，留学生在发展中国与各国的友好关系、开展文化教育交流方面起了积极的桥梁作用。

唐宋以后，又出现了一种新的教育机构——书院。书院原为藏书、校书之地，或私人治学、隐居之地。宋代书院将教育、教学和学术研究结合起来，成为著名学者授徒讲学、培养人才的地方。当时著名的有六大书院，即江西庐山的白鹿洞书院、湖南衡阳的石鼓书院、河南商丘的应天府书院、湖南长沙的岳麓书院、河南登封的嵩阳书院和江苏江宁的茅山书院。元朝政府也大力扶植书院。书院院址多选于山林名胜之地，主持人称"洞主"或"山长"。建制有民办、官办、民办官助等多种形式。科举制度盛行之后，士子都以猎取功名为读书目的。书院讲学，以义理修养为核心，颇能矫正科举之弊。书院教学注重讲明义理、躬行实践。南宋书院建立了一套严密的组织制度。书院在教学上形成了鲜明特色，教学活动与学术研究相结合；教学实行"开放"政策，学生可不受学派的限制，允许学生中途易师；建立"讲会"制度，不同学派学者可以往来讲学，进行学术交流，使不同的思想出现在同一书院的讲坛上，体现了一定的争鸣精神，对后来的书院产生了深远影响。

书院不仅对各种思想流派形成起了重要作用，而且代表社会良知，担当着社会道义，成为批判现实社会黑暗腐朽势力的一股力量，如明代无锡的东林书院就是其中的典型。书院的这一特点，集中地体现在顾宪成为其题写的一副对联上："风声、雨声、读书声，声声入耳；家事、国事、天下事，事事关心。"明熹宗天启年间，阉党魏忠贤矫旨尽毁国中书院，此后书院由盛而衰。

明代学校体系，中央有国子监和宗学（贵族学校），地方有府学、州学、县学，边疆有卫学（军事学校）。地方学校规模虽有大小，但彼此不相统属，学生皆有送至中央国子监资格。此外，地方性专科学校还有军事、医学、阴阳学等。清代学制，大抵沿袭明制。

明清科举制沿袭宋元，分乡试、会试、殿试三种。考试内容，第一类为经义，出题限于四书五经，文体多为八股；第二类为诏诰律令；第三类为经史时务策。清代科举除常科外，又有特科，如出林隐逸、博学鸿词等，以网罗不愿应试的学者；还有翻译科，鼓励满人翻译汉文；还有武举之设。科举制自隋唐至清光绪三十一年（1905 年）废止，实行了1300 多年。其优点较之汉代选举制和魏晋九品中正制，虽然要客观公正，严格认真，不易发生舞弊，参加科考者普及到下民百姓，但科举考试亦有不少流弊，且愈到后期愈为腐朽。其缺点主要为考试偏重经籍文辞，忽略德行才能；束缚知识分子思想的自由发展；把受教育与仕进、利禄直接挂钩，考试合格者不乏思想僵化、毫无能力的庸才和利禄之徒；学校教育和社会教育变成科举的附庸。

明清时期，各级各类的学校体制已相当完备。特别需要介绍的是明清两代的蒙学（也称乡校、村学、小学）。蒙学教材多是字书，最著名的《三字经》《百家姓》《千字文》《千家诗》《古文观止》《唐诗三百首》流传广泛，影响很大。

清末以后，我国学校教育和社会教育发生了巨大变化，吸收西学成为第一要务，学校建制、教育思想大不同于古代。百多年前，就开始有了近代化的大、中、小学。从此，中国教育走向了全新的发展阶段。

（二）我国古代教育思想的特点

中国古代教育是人文主义教育。它以做人为教育的唯一目的，注重教人以德行与智慧，而不只是单纯的知识。它尤其重视道德教育和德行培养，注重气节、操守和崇高的精神境界，提倡发奋"立志"，强调道德责任感与历史使命感，弘扬孜孜不倦、临危不惧，不计成败利钝、不问安危荣辱，以天下为己任的精神气概与宽广胸怀，把个人担当的社会责任与个人道德的自我完成统一起来。在我国逐渐形成了长远而深厚的教育传统，上起孔孟老庄，中经佛教禅宗，下迄宋明理学，都特别注重道德教育与自我修养，重视启发学生的自觉性、主动性，立志有恒、克己内省、改过迁善、身体力行，潜移默化、防微杜渐……具有独特风格的道德教育与道德修养的原则和方法。中国古代教育家重视德行培养，树立道德风范，其影响力是不可低估的。他们曾在漫长的中国历史上教育、感染、熏陶了一代又一代仁人志士，推动了中国社会的进步，促进了中华文明的繁荣，陶冶了民族的精神与智慧。中国古代教育家不仅重视道统与学统的建树，而且重视教育方法的改进。格物致知，读书进学，温故知新，学思并重，循序渐进，由博返约，启发诱导，因材施教，长善救失，教学相长，言传身教，尊师爱生……形成了一系列具有独特风格的知识教育和教学的手段，形成了比较系统、深刻的知识论、教学论、教师论、自学深造与人才成长的理论。此外在社会教育、家庭教育、子女教育、幼儿教育、科技教育、艺术教育等方面，也积累了丰富经验。

这些都是地地道道的中国模式、中国气派，其中许多优秀的教育遗产，至今仍具有不衰的魅力。

中国古代产生了无数著名的教育家，他们的教育思想是中国文化的重要组成部分。春秋时的孔子（学而时习之，不亦乐乎。知之为知之，不知为不知）；春秋战国之交的墨子（言必信，行必果）；孟子（养浩然正气"富贵不能淫，贫贱不能移，威武不能屈"）；荀子（劝学篇"主张日积月累，专心致志""积土成山，风雨兴焉；积水成渊，蛟龙生焉；积善成德，而神明自得，圣心备焉""锲而不舍，金石可镂"）；董仲舒，汉代教育家，他认为教育的目的在于化民成性进行教育。唐韩愈《师说》中认为教师的责任是"传道、授业、解惑""弟子不必不如师，师不必贤于弟子"。宋代朱熹提出"循序渐进"与"熟读精思"。明代王守仁（王阳明）重视"躬行实践""自求自得""循序渐进"。明末清初黄宗羲，治学上反对空谈，提倡经世致用。颜元也是明末清初的教育家，一生从事教育事业，主讲于肥乡漳南书院，主张教育"经世致用"，教育必须以"实学、实习"为主。对以上著名教育家的教育思想加以概括，不难发现中国古代教育思想具有以下几个鲜明特点。

（1）综合观，即大教育观，突出教育的重要地位。中国古代教育家很早就认识到教育是整体社会大系统中的一个子系统，许多教育问题实质上是社会问题，必须把它置于整个社会系统中加以考察和解决。从孔夫子开始，历代教育家都不同程度地认识到教育的发展与经济的强盛，政治的稳定社会的进步的关系。孔子把人口、财富、教育作为立国的三大要素，认为发展生产使人民富裕之后，唯一的大事就是"教之"，即发展教育事业。他从"国之本在家"（《论语·子路》）的思想出发，重视家庭伦理和社会道德——"孝悌忠信"的教育。他看到了教育对于治理国家、安定社会秩序所产生的重要作用。这种把教育放在治国安民的首要地位，把个人的道德修养和提高社会道德水平看成是治国安邦的基础思想，是十分深刻的。教育的作用包含相互联系的两点：一是培养国家所需要的各种人才，二是形成良好的社会道德风尚。这是中国先哲关于教育功能的概括和总结，至今仍有借鉴意义。

（2）辩证观，即对立统一观。中国古代教育家强调要把道德教育放在首位，同时也不忽视知识教育的作用。在春秋战国时期，人性与教育的关系已经成为许多教育家关注的焦点。孔子首先提出"性相近也，习相远也"，肯定人生来性情非常接近，人的差别是后天教育和学习的结果。孔子还在自己的私学中实践了这一理论。孟子则进一步提出，只要用心学习，依赖后天的教育，"人皆可成为尧舜"。另外，古代教育家强调要把道德教育放在首位，同时也不忽视专业知识教育的作用。德智结合，突出德育的重要性，重视人文教育。这就是中国古代的德智统一观：首先是道德教育及其实践，其次才是知识教育；德育要通过智育来进行，智育主要的是为德育服务；德育与智育之间、"行己有耻"与"博学于文"之间存在着相互依存、相互渗透的关系。道德教育也是这样，道德观念的认识与道德信念的建立以及道德行为的实践之间也存在着对立统一的关系。

（3）内在观，即强调启发主体的内在道德功能和自觉性。中国古代教育注重自我修养，强调启发主体以修身为旨归，同西方和印度的宗教相比，中国古代教育不用到上帝或佛祖那里，而是在自己心中寻找善恶美丑的标准，追求道德的自律。古代西方的教育场所是宗教场所，而中国古代教育的场所是各类学校通过学校教育提高学生文化素养。孔子要求每个人的视、听、言、动都要符合社会规范，并力图做到"从心所欲不逾矩"的境界。荀子提倡"一日三省吾身"。《大学》一书中提出了"慎独"的修养方法，也就是要求自我省察，自我克制，在自己独处，没有别人监督的情况下更加谨慎地严格要求自己。这种重视启发内心的觉悟，相信主体内在力量的观点，是中国古代教育思想的一个重要特点。

除了以上三个特点之外，中国古代教育还有以下一些特点：它不是机械呆板的，而是灵活地因人因时而异的；不是分科细密的，而是整体综合的；不是单纯传授知识技术的，而是德智合一的；不是师生脱离、教育与人生实践脱节的，而是教学相长、寓教育于生活实践之中的；不是以知识系统为枢纽，而是以人生为枢纽，以一代一代人风的建树和培育为目的。

中国古代，从乡村到朝廷，都十分重视教育。教育具有非常显赫的地位。在一定意义上，说教育为中国的立国之本，亦不为过。与此相适应，中国古代教师的社会地位很高，无论是中央官学、地方官学的教师，还是私学、书院的教师，包括乡塾里的塾师，都受到全社会的普遍尊重。中国历来有尊师重道、尊师重教的优良传统。

二、中国传统教学思想

中国古代教育家积累和总结了丰富的教学经验，对教学理论、教学原则和方法，以及对教师的要求，提出了许多有价值的思想见解。这些产生于千百年前的古代思想不但是难能可贵的，而且今天仍然闪烁着智慧的光芒，富有启迪教育意义。它是我国传统教育思想中的精华，也是对世界教育思想宝库的重大贡献。

（一）因材施教，启发诱导

"因材施教"是公认的优秀传统教学思想之一。即根据教学要求，针对教育对象的不同特点，从学生的实际出发，进行教育，使学生各尽其才。孔子是最早注意到这一方法并加以实施的教育家。孔子注意到了学生的不同特点"视其所以，观其所由，察其所安"，根据学生的知识水平、接受能力、品德、才识等方面确定不同的教学内容和进度。他对于学生不仅要"听其言而观其行"，而且还"退而省其私"（《论语·为政》），即考查学生课后私下的言行举止，全面掌握学生的特点和实际情况。他对学生的性格特点了如指掌，有时从其优点方面分析，有时从其缺点方面分析，有时对不同学生做比较分析。他针对学生不同的性格特点，有的放矢，循循善诱，而不是千篇一律地说教。有时学生问同一个问题，他却做出不同的回答。

孟子继承发挥了孔子因材施教的思想，注重教学方式的变化。后来的教育家如朱熹、王守仁都继承了这一优秀的教学方法。

启发诱导是调动学生积极性的有效形式。孔子在教学中对能够"闻一知二""闻一知十""告诸往而知来者"的学生大加赞扬，认为他们有独立钻研、自求自得的精神，孟子也很重视启发式教育，并形象地喻之为"引而不发，跃如也"。其意是说，教师如同射手，引满了弓却不发箭，做出跃跃欲试的姿态，以启发和诱导学生。他特别强调培养学生"自得"的兴趣和能力，教师要善于启发学生，让学生自己思想求得理解。进行的途径应当是，引导学生而不是给以牵制；激励学生而不是强制使之顺从；启发学生而不是一下子把结论告诉他们。引导而不是牵制，就能处理好教与学之间的矛盾，使之和谐融洽；激励而不是强制，学生就感到学习轻快安易；启发而不代替学生得出结论，就可培养学生独立思考的能力。做到这些，就可以说是善于启发诱导了。

所以，中国古代教育家认为学生的个性是存在差异的，每个学生的自然禀赋也不一样，所以教学方法也应因人而异。他们反对用一个模式去束缚学生，而主张通过教育发展每个学生的个性。在教学方法上，中国古代教育家特别重视启发诱导，去挖掘每一个学生的智力潜能。

（二）温故知新，学思并重

学习与思考是学习过程中两个决定性环节。孔子提出了学思并重的思想，主张"学而不思则罔，思而不学则殆"，成为历代教育家一致赞同和普遍遵循的原则。思孟学派在《中庸》一书中充分肯定了学、问、思、辨、行的相辅相成关系，发展了孔子的"学思并重"的思想。孟子尤其强调"思"的重要性，甚至说"尽信书不如无书"。王充更重思考，说"唯精思之，虽大无难"。朱熹重视读书和思考相结合，"学便是读，读了又思，思了又读，自然有意"。王夫之说得更透彻"学非有碍于思，而学愈博则思愈远；思正有功于学，而思之困则学必勤"。这些主张都是对学、思辩证关系的精辟总结和深切体验，同时也明确指出，一个人的聪明与坚强是在不断地学思结合的过程中培养出来的，决定的因素是个人顽强的努力而不是他的天资。

在温故与知新关系上，古代教育家既重视时习温故，又不忽视探索新知识。《论语》第一句话便是孔子说的"学而时习之，不亦说乎"，他还说"温故而知新，可以为师矣"。宋代朱熹进一步发展了孔子的这种思想，认为"故"是"新"的基础，"新"是"故"的发展。"时习"能使其所学融会贯通，转化为技能并应用无穷。温故知新反映了这样一条教学规律：学习本身是不断实践的过程，只有反复学习实践，才能牢固地掌握所学的知识；只有对所学的知识熟练了，融会贯通了，才可举一反三，告诸往而知来者，由书籍探求未知。这种既重视时习温故，又不忽视探索新知的思想，在今天仍有启发意义。

（三）循序渐进，由博返约

中国古代教育家普遍重视循序渐进的教学原则。孔子的学生颜渊赞扬孔子"循循然善诱人"，表明孔子善于引导学生由浅入深，有步骤地学习。孟子认为教学是一个自然发展的过程，把教学过程比作流水一样不分昼夜地前进，但在遇到坎坷时必须一个个的等水盈满才能继续前进。孟子还以禾苗的自然生长来比喻人受教育的时候，一方面要尽心耕耘，绝不可放任自流，另一方面又切忌拔苗助长，急于求成。后代的教育家普遍认识到知识的累积、智力的增长，是一个循序渐进的过程。朱熹更明确提出"循序而渐进，熟读而精思"的教学思想。他强调教学要坚持由近及远，由易到难，由浅至深，由具体到抽象，由已知到未知。中国古代的教育家已经认识到，知识的积累，智力的增长，是一个循序渐进的过程，不可能毕其功于一役。他们强调教学要注意阶段性和节奏感，要顺其自然，这是符合客观规律的。

由博返约是强调教学中正确处理广博与专精的关系。孔子非常重视博学，又强调用一贯之道去驾驭广博的知识。孟子提出学习深造的途径，不仅要博学而且还要善于由博返约。荀子认为缺乏广博的知识，就失去了专精的基础，而没有专精的功夫就会散乱无章，一无所得。王夫之认为，广与专、博与约不可偏废，由博返约，以约驭博，教学效果才可以提高。韩愈在《进学解》中，一方面，强调博学，提倡"贪多务得，细大不捐""俱收并蓄,待用无遗";另一方面,他又强调精约,要求"提其要""钩其玄",反对"学虽勤而不由其统,言虽多而不要其中"。认为只有这样进学,才可达到"沉浸醲郁,含英咀华"的教学效果。

中国古代教育家重视"博学",同时又要求用"一贯之道"去驾驭广博的知识。博是约的基础,在博的基础上求约,即根据一定的原则去归纳、简约或精要各种知识成果,得出简明扼要的结论。这是一种重要的思维方法与学习方法,也是一种教学方法。作为教师,要把一个道理讲明白,如果没有关于这个道理的广博知识并能融会贯通,就很难把这个道理的重点、难点和关键之处向学生讲清楚。由博返约,以简驭繁,这是古人留给我们的重要教学思想,值得我们细心体会。

(四)长善救失,教学相长

长善救失,就是既要长于发扬学生的优点,又要善于补救学生的缺点。长善救失的教学思想是《礼记·学记》提出来。在学习过程中,有的学生表现得贪多务得,过于庞杂而不求甚解;有的学生表现为知识面太窄,抱残守缺;有的学生表现为学不专一,浅尝辄止;有的学生表现为故步自封,畏难而退。这四种类型的毛病反映了学生对待学习不同的心理状态,教师只有了解这些心理状态,才能有针对性地帮助学生克服这些毛病。教师必须掌握具体情况,因势利导,既要善于发扬学生的优点,又要善于克服学生的缺点。清代王夫之进一步就"多、寡、易、止"作了辩证的研究。他说"多、寡、易、止"虽各有失,而多者便于博,寡者易于专,易者勇于行,止者安其序,亦各有善焉,救其失则善长矣。"多、寡、易、止"各有弱点,但其中又有一定的积极因素,教师要掌握具体情况,因势利导,发扬优点,克服弱点。

中国古代教育家还强调教学相长。《礼记·学记》中首先提出了教学相长的思想,教因学而得益,学因教而日进。教能助长学,学也能助长教,这就叫"教学相长"。从教师方面说,教的过程也是学的过程,教也要学,教即是学,教与学互相促进,才能提高教的水平。从学生方面说,学生从教师的教学中获得知识,但仍需要自己努力学习,才能有所提高,不限于师云亦云。一个循循善诱的教师,只有通过教学实践才能体会到良好教学效果的困难,教学经验越丰富越能摸到教学的规律,并发现自己的弱点与困惑之处,"教然后知困"。"知困"中促使教者"自强"。一个积极好学的学生,知道通过学习的实践才能体会到学习的好处和困难,越学习越感到自己的学识浅薄与不足,"学然后知不足","不足"可促使学者"自反",即进一步严格要求自己,努力学习补充自己的不足。

韩愈继承与发扬了《学记》的"教学相长"的思想,进而提出了"相互为师"的观点。他一方面肯定教师的主导作用,另一方面又提出了"弟子不必不如师,师不必贤于弟子"的思想。他教人要向有专长的人学习,树立"能者为师"的观念。"教学相长"不仅意味着教与学之间的对立统一关系,而且还意味着教师与学生之间平等的相互促进、相得益彰的关系。

（五）言传身教，尊师爱生

中国古代教育家根据自己教育的实践经验，对教师提出了多方面的要求，以身作则，言传身教，就是其中重要的一项。

孔子强调了以身作则、正己正人的"身教"的重要意义，他相信这种"无言之教"对学生影响和教育的威力是巨大的。荀子认为教师必须具备四个条件：一是教师要有尊严，能使人敬服；二是教师要有崇高的威信和丰富的教学经验；三是教师需要具备有条有理、有系统地传授知识的能力，而且不违反师说；四是了解精微的理论而且能解说清楚。《学记》也对教师提出了严格要求，把高尚的教师品德和学业精进看作是教书育人的必要条件，而且要掌握正确的教学方法和原则。

中国古代教育家还提倡学生尊敬教师，教师热爱学生，建立良好的师生关系。孔子热爱学生，关心学生品德和学业的增进，也关心学生的生活与健康状况。他看到学生的进步，感到由衷的高兴；学生家贫，他常接济；学生有病，他去看望；学生死了，他十分伤感。他与学生建立了深厚的情谊。墨子在教育实践也强调尊师爱生，墨家师生之间能生死相依，患难与共。荀子把是否"贵师重傅"提到国家兴衰的高度来认识，并提倡学生超过老师，他认为学生对于老师不仅有知识学问的承袭关系，而且还担负着超越前人已有智慧、推进学术水平的责任。"青出于蓝而胜于蓝"是学术发展的规律。宋代的一些教育家也是尊师爱生的典范。

他们提倡"严师弟子之礼"，倡导师生之间感情深厚、关系融洽。热心教人，方法得当，才能加深师生情谊，密切师生关系。古代教育家的这些经验，既包含了普遍规律，也体现了中国古代教育史上尊师爱生的优良传统，常为后人所称道和借鉴。

第三节　中国传统史学

一、中国传统史学的发展历程

中国古代史学，是中国传统文化宝库中一颗璀璨的明珠。众多的史学名家、丰富的史学著作，完备的修史制度，多姿的史学体裁，进步的史学思想，所有这一切，构成了一幅中国古代史学宏伟壮丽的画卷，所以我们说，中国古代史学是中国文化的宝藏。

（一）中国古代史学的光辉历程

1. 先秦童年时期

先秦是中国史学的童年时期。中华民族是具有深厚历史意识的民族，早在远古我们的祖先就注意积累和保存以往的经验，传播英雄人物的业绩。由于当时没有文字，所以只能靠脑记口说，辅之结绳刻木等简单的方式一代一代流传。中国远古时期的大量历史传说，即属于此，如《大禹治水》《后羿射日》《女娲造人》等。历史传说虽不能称作史学作品，但毕竟已经包含着史学的因素，可视为中国史学的源头。

文字和历法的产生及其不断成熟，为史学的出现创造了条件，有意识的历史记载逐渐成为统治者经常性的活动和国之大事。第一个史学之最，殷商和周代的甲骨文和金文，是中国历史上目前所知最早的历史记载。甲骨文和金文已有历史事件的时间、地点、人物等方面的记载。负责记载的史官，负责占卜、记录时事、起草公文、保管文书等工作，他们可以被看作我国最早的历史学家。继甲骨、金文之后，《尚书》中记载了殷、商王朝的大事，它是中国最早的文献总集。《诗经》中《大雅》一些诗篇，《公刘》《绵》等反映了周王朝某些历史发展阶段的传说，可以视为汉族史诗。《大雅》中的有关篇章提供了周部族的发祥、发展创业、立国的史料。

春秋战国时期，随着文化的下移和私学的兴起，史学有了长足发展。当时，各诸侯国都有史官，记载本国的史事，如孔子编撰的《春秋》一书，不仅创立了编年体史学体裁，开启了私人修史之先河，而且形成了"寓褒贬、别善恶"（即通过历史褒贬忠奸，区别善恶，惩恶扬善的史法和轻鬼神、重人事）的史观，因而孔子被学者们尊为"中国史学之父"。

《春秋》之后，史著逐渐增多，春秋战国时期的史著主要有两类。一类是以记事为主的编年体史书，如《春秋》《左传》《世本》《竹书纪年》。《竹书纪年》，本称《纪年》，因文书于竹简之上，故名之为《竹书纪年》。该书是西晋武帝墓葬中竹简的一部分，文起于黄帝，止于魏王 21 年（公元前 299 年），以记载魏史为主，共 12 篇。另一类是以记言体为主的心言体史书，如《国语》《战国策》等，此时是中国史学的童年时期。

2. 秦汉发展时期（正史奠基）

两汉是中国正史的奠基时期、成长时期。西汉武帝时，伟大的史学家司马迁写成我国历史上第一部纪传体小说通史《史记》，开创了中国史学的新纪元。这部史书组织严密，内容宏富。记事上起传说中的黄帝，下讫汉武帝。鲁迅赞美《史记》为"史家之绝唱，无韵之《离骚》"。东汉时，班固沿用《史记》的体例，编修成《汉书》（即《前汉书》），此乃我国历史上第一部断代史。《史记》与《汉书》对后世产生了巨大影响，《史记》为通史的开山，《汉书》为断代的初祖。东汉末年，荀悦奉献帝之命，写成《汉纪》一书，又创编年体断代先例，也对史学的发展产生了积极影响。自两汉开始，通史、断代均已定型，因此是史学的确立时期。

3. 魏晋南北朝史学

这是我国史学的大发展时期，其特点主要包括以下几个方面。

（1）史著数量大为增加。据学者统计，魏晋南北朝时期的史学著作较以前增加了四十多倍。范晔的《后汉书》、陈寿的《三国志》皆成书于这一时期。

（2）史著种类繁多。从记事时限上看，有通史，有断代史；从题材上看，纪传体的地位得到巩固，编年体蓬勃发展，人物传记，史译史注，地理方志等类史籍也大量涌现。

（3）史学摆脱了经学附庸的地位，在学术领域里，成为一门独立的学科。南朝刘宋时，国家设置四种专科学校，以史学为专科之一。"史学"一词也出现于这个时期。这一时期出现的图书四部分类法将历史著作独立为专部，并形成"经、史、子、集"的次序。

4.隋唐转折时期

隋唐是我国古代史学的转折时期，官方史馆开始建立。主要表现在以下几个方面。

（1）史书数量有了更大发展。唐代时数量之多，超过以往任何时期。

（2）官修史书制度正式确立。贞观三年，唐太宗设史馆于宫中，专修国史。这表明皇家对修史的垄断，私修之风受到遏制，这一做法为后世各朝所效仿，影响深远。

（3）正史编撰成绩斐然。唐开国后，统治者十分重视史书的编撰，中央设史馆专司修史，当时著名的官吏如魏徵、褚遂良也参与编史，史官多为一时高手。被列为正史的二十四部史书中，有三分之一是在这个时期修成的。

（4）出现了史学理论专著。唐代著名史学家刘知几所著的《史通》，是我国历史上第一部史学理论专著。它的出现，标志着中国史学发展到一个新阶段。

（5）诞生了我国第一部典制通史。唐人杜佑《通典》，是我国历史上第一部专门论述历代典章制度沿革变迁的通史著作。它的出现，标志着一种新的史体——政书体（或称典志体）的创立，从而为史学的发展开辟了一条新的途径。

5.宋、元史学发达

宋、元是我国史学继续发展的时期，其中两宋史学发达，各种体裁均已经成熟，堪称史学盛世。这一时期史学的成就主要表现在以下几个方面。

（1）正史的编修取得了一定成就。这一时期修成的正史有：宋代薛居正的《五代史》（即《旧五代史》），欧阳修的《新五代史》和《新唐书》。元朝脱脱的《宋史》《辽史》和《金史》。

（2）产生了带有总论性的三部通史巨著，即宋朝司马光的《资治通鉴》、郑樵的《通志》、元代马端临的《文献通考》。

（3）南宋袁枢撰《通鉴纪事本末》，首创纪事本末体，为我国史苑又增添了一个新品种，这是中国历史编纂法的一个重要创造。

（4）宋代的"金石学"独具特色，成绩斐然。金石学是考古学的前身，它是以古代青铜器和石刻碑碣为主要研究对象的一门学科，偏重著录和考证文字资料，以达到证经补史的目的。欧阳修是金石学的开创者。

6.明清史学的深化和嬗变

明清史学是我国史学的深化和嬗变时期。明清两代，史学出现了新的特点，反映时代精神的优秀作品不断问世。

（1）这一时期，私人修史之风兴盛。明代著名思想家李贽著《藏书》《续藏书》，对历史人物重新分类评价。明末清初的三大思想家王夫之、顾炎武、黄宗羲，高举经世致用的旗帜，写出了一些充满时代气息的史著，王夫之的《读通鉴论》《宋论》，顾炎武的《日知录》、黄宗羲的《明夷待访录》，都具有启蒙色彩。

（2）明清两代，类书、丛书的编修达到了高潮，明朝的《永乐大典》、清朝的《古今图书集成》《四库全书》都代表了类书、丛书的最高成就。

（3）清代的考据学在校勘古籍、考证史实等方面，都取得了超越前人的成果。重要的著作有赵翼的《廿二史札记》等。

（4）方志编修在清代发展到鼎盛时期，数量之多、范围之广，亦为前代所不及。

（5）史评、史论在明清时期有了新的发展，以清代章学诚的《文史通义》成就最大。

（6）明清两代的官修史书，不论在数量上还是在种类上都超过了以往任何一个时期。官修正史有《元史》和《明史》，其他重要的官修史书有《大明会典》《明实录》《清实录》《清会典》，"清通"（《清文献通考》《清通典》《清通志》）等。乾隆年间官刻《二十四史》。

（二）史学在中国传统文化中的地位

历朝历代，上至帝王将相，下至平民百姓，无不对历史学予以极大重视，官修私撰，久盛而不衰，堪称中国文化史上的大奇观。其中十三经、二十四史是中国文化的主要载体。

中国史学构成了中国传统文化的主干和基本内容。出现于魏晋南北朝，确立于唐初的经、史、子、集四部分类法，不仅为史著独立专部，而且仅次于经部，位居第二。由此直至清代编《四库全书总目》，史书一直位居第二位。这一点足可以看到史学在传统文化中的地位。我们说中国是世界文明古国，正是因为她有着悠久的历史和灿烂的古代文化，而这悠久的历史和灿烂的古代文化，在很大程度上则是通过历代的历史学家记录和保存下来的。

我国古代史著的数量相当可观，它们是对中国历史文化最系统完整的记载。流传至今的中国历史文化典籍，如正史、二十四史、正续通鉴、十通等，可以说是中国古代文化的渊源。历史著作作为史学的社会表现形态，具有记录、综合人类文化创造、积累和发展的职能。

中国古代史著是传统文化的主要载体，历史著作涵盖了中国文化的方方面面。历史学是一门综合性学科，它具有记载、保存、传播文化成果等特征。中国古代史学无异于一座蕴含着历代文化精品的宝库。只要我们粗略了解一下中国古代文化，就不难看出，历史学与其他诸学科都有密切联系，如经学、哲学、文学、宗教、艺术经济都与史学有着千丝万缕的联系。"以史注经"的治学传统，表明经学的发展离不开史学。中国古代素有文史哲不分家之说，如《左传》《史记》《资治通鉴》《战国策》等，既是史学著作，又是文学佳作，对中国古典文学的发展具有深远的影响。任何一个文化领域的具体部门本身都有其发生、发展的历史，这发展史就是史学的具体研究对象，如经学史、哲学史、文学史、宗教史等，而各具体门类，如文学、艺术、宗教等，也同史学发生密切关系，都要从历史的研究中加以阐述。

史学还为文学创作提供了取之不尽、用之不竭的素材。如《三国演义》取材于陈寿的《三国志》和裴松之所做的注解。文史哲不分家是古代学术文化的优良传统。

二、中国传统史学的伟大成就

中国古代史学是一座瑰丽的宝库，其内容之丰富，形式之多样，制度之完备，史家之杰出，理论之精善，在世界历史上是罕见的。这充分说明中华民族是一个富于历史传统的民族。

丰富的历史内容和多样的表述形式相结合，是中国古代史学的特点和优点之一。比如，从内容上看，二十四史是一部完整的历史巨著，它记载了上起传说中的黄帝下迄明朝末年长达几千年的历史，其中包括了中华民族发展史上的氏族公社制、奴隶制和封建制几个阶段，反映了各个历史时期的政治、经济、军事、民族、文化等方面的大事件，以及成千上万的历史人物、历史事件、阶级阶层、官制。

从形式上看，中国古代史学形式多样，品种齐全、呈现出百花争艳、万紫千红的景象。初唐时的《隋书》把史书分为 13 类，清朝乾隆时期编的《四库全书总目》，将史部书籍分为 15 类：正史、编年、纪事本末、别史、杂志、载记、诏令奏议、职官、政书、传记、时令、地理、目录、史评、史抄，从中我们可以看出中国古代史书体裁和形式。

（一）编年体

编年体是中国史书的主要体裁之一，它以时间为中心，依照年月顺序记述史事。

1.《春秋》《左传》到《汉纪》编年体的定型

按照年、月、日时间顺序记载历史事迹的史书，称为编年体。这种体裁的优点是史事和时间的紧密结合，给人以明确的时间观念。孔子编订的《春秋》是我国现存最早的一部编年史。孔子修《春秋》体现了他的政治立场，达到"惩恶扬善"之目的，这就是"寓褒贬、别善恶"的春秋笔法。鲁国太史左丘明撰成的《左氏春秋传》（简称《左传》），是继《春秋》之后产生的又一部重要的编年史，其体例更加完备，记事更为翔实，文字更加优美，代表了先秦编年体史书的最高水平。东汉末年，荀悦撰成《汉纪》，这是关于西汉一朝的编年体断代史。荀悦在编年体的写法上有所创新，在叙事方面突破时间界限，根据需要补叙前因后备述后果，且兼及同类人和事。这样，如同纪传一样，备载历史人物、历史事件和典章制度，从而扩大了编年史记叙范围，为编年史写人找到了一条道路。

2.《资治通鉴》及其续作《通鉴》系列

到了宋代,司马光撰《资治通鉴》,使编年史得到飞跃发展。《资治通鉴》是一部编年体通史,记事上起三家分晋,下迄五代末年,共 294 卷,体例严谨,结构完整、叙事翔实、注重考证,且文字优美质朴,生动传神。在编纂方式上,它既坚持了编年体以时间为序的特点,又吸取了纪传体自己为首尾的写史方法,对某些史事的叙述比较集中。《资治通鉴》代表了中国古代编年体史书的最高成就,问世以后备受世人推崇,自宋以后,代有续作。南宋有《续资治通鉴长编》《续资治通鉴》。另外,清末陈鹤编《明纪》,属于明代编年史。这样一来,从《春秋》《左传》《资治通鉴》到《明纪》,形成了自春秋至明末近两千四百年前后衔接的编年史。编年史也形成了一个世代相继、贯通古今的庞大史书体系。

编年体在发展过程中,产生了几个分支,主要有"起居注""实录""纲目"。"起居注"是按时间顺序专门记载帝王言行的记录,魏晋以后的史书大部分有起居注的编修。"实录"是专记某一皇帝统治时期史事的编年体史料长编,即大事记。自唐以后,每一皇帝死后,都由史官撰修先帝实录。"纲目"是编年记事的一种形式,始创于南宋朱熹的《通鉴纲目》。它以编年形式叙事,每叙一事,先拟标题,叫"纲",其下简单叙事,叫"目"。问世以后,为后代史学家所效法。"起居注""实录""纲目"记录的内容常被史家采入正史。古人认为历史主要是帝王将相史,而不是农民起义史。

总的来看，编年体的优点是便于查考历史事件发生的具体时间，易于了解历史事件的联系，并可避免叙述重复。缺点是不能集中叙述每一历史事件的全过程，难以记载不能按年编排的事迹。一个人的活动，散见于各年之中，难以完整系统地记述其生平事迹。

（二）纪传体

纪传体，"纪"是指皇帝的传记，按年编写；"传"指将相和名人的传记。按这种体裁写的史书叫纪传体史书。

1.《史记》

《隋志》把司马迁的《史记》和班固的《汉书》视为纪传体之祖。因为《史记》以人物为中心，分为本纪、表、书、世家、列传五体，开创了纪传体的史书体例。班固沿袭《史记》作《汉书》，断代为史，改"书"为"志"，废去"世家"，整齐为纪、表、志、传四体，而纪、传是这种体裁的主体。凡属于这一体例的，都叫作纪传体。

纪传体创始于司马迁的《史记》。司马迁，字子长，陕西韩城人。他继承父志，忍辱发愤（受宫刑），艰苦著述，以毕生精力写成《史记》（原名《太史公书》）一书，为中国史学树起了一座不朽的丰碑。《史记》分为本纪、表、书、世家、列传五部分。"本纪"以帝王为中心，按年月日顺序，记载帝王的政绩言行，兼及当时的重大事件，相当于全书的总纲。"表"分年表和月表几种，按时间顺序，提纲挈领地谱列史实，相当于大事记。"书"是各种制度的专史。"世家"记载诸侯列国和部分重要历史人物，如陈涉、孔子等人的事迹。"列传"主要记载重要历史人物的生平事迹，如廉颇、蔺相如列传，也有部分列传记载少数民族、邻近国家的历史（朝鲜、日本）。《史记》在每篇之末，都附有一段评论性的文章，叫"太史公曰"，发表作者对历史人物、历史事件的看法，有时还有非常深刻的评论，如"天下熙熙皆为利来，天下攘攘皆为利往""桃李不言，下自成蹊"等。《史记》创立的这种体例，以纪传为主，表书为辅，组成一个有机的整体，故后人称之为纪传体。

从史学价值方面研究，《史记》首创了中国纪传体的史书体例，是一部贯通古今的通史，奠定了中国史学的发展方向。书中记述了上起传说中的黄帝，下至汉武帝太初年间近3000年的历史，全书包括十二本纪、十表、八书、三十世家、七十列传，是我国上古历史的一次大总结。《史记》具有进步的大历史观和民族观。司马迁把中国境内从传说中的黄帝，经夏、商、周三代直到秦汉，甚至包括了吴越、夷狄等少数民族一起，演绎成一部世代相传的血缘谱系，以此奠定了中华民族天下一家、四海之内皆兄弟的历史基础和民族心理。《史记》真实记录了中华民族的历史，并以纪传史的方法为后人树立了光辉的榜样。他将各种历史人物，历史事件及社会生活的各个方面，有机地汇于一书，纵横条贯，气势恢宏，展现了上古时期我国社会各个层面的生活场景，是我们研究古代社会最好的一部大百科全书。司马迁在《史记》中爱憎分明。他既歌颂了陈胜、吴广反对暴秦的行为，又指责了一些暴君，酷吏的罪行，并且敢于直截了当地记载当时统治者汉武帝的功过，表现了一个史学家"秉笔直书"的大家风范。

从文学价值方面研究，《史记》具有浓郁的抒情色彩，司马迁以拥抱整个中华民族的宽阔胸怀，熔三千年政治、经济、文化于一炉，完成了这部气魄宏伟、包罗万象的百科全书式的巨著，不仅成为历代史学家竞相仿效的楷模，而且也成为历代文人学子汲取民族精神和创作力量的智慧之源。这部史书文笔简洁，语言生动，描写人物栩栩如生，塑造了众多性格迥异的历史人物。特别是在描写重大历史事件的过程中，使用了文学创作的手法，时而激情洋溢，时而慷慨悲歌，大有《离骚》之风韵，具有极强的艺术感染力，《史记》还表现出了独特的审美观念。

除了《史记》外，还有东汉班固著《汉书》。沿用《史记》体例而略有变更。班固是东汉杰出的外交家，出使西域的班超的弟弟。班固的父亲班虎也是汉朝著名的史学家。班固写的《汉书》记载了西汉一朝的历史，是我国第一部断代史。班固因宦官守权、被株连死于狱中，没有写完《汉书》，缺少的部分是由他的妹妹班昭等完成的。《汉书》凝聚着班固全家的心血。改"书"为"志"，并"世家"入"列传"，分为纪、表、志、传四部分，专记西汉一代历史。其中的"志"，补充了新的内容，开拓了新领域，此后，历代史学家仿照纪传体撰著了大量史书，形成一个贯通古今，连续不断的庞大纪传体史籍体系。魏晋南北朝时，范晔的《后汉书》，陈寿的《三国志》也是纪传体，此二书与《史记》《汉书》并称为前四史。

2.二十四史

纪传体与"正史"有密切的关系。"正史"就是最重要，最正规，居群史之首的史书。今天我们说的"正史"是特指由清乾隆帝诏订的二十四史，二十四史都是纪传体，总计 3229 卷，记载了上至黄帝，下至明末共四千多年史事。中华人民共和国成立后，《二十四史》重新整理，流行版有中华书局点校本《史记》《汉书》《后汉书》《三国志》《晋书》《宋书》《南齐书》《梁书》《陈书》《魏书》《北齐书》《周书》《隋书》《南史》《北史》《新唐书》《新五代史》《宋史》《辽史》《金史》《元史》《明史》《旧唐书》《旧五代史》，合称《二十四史》。后来又有人把《新元史》《清史稿》放进去，合称《二十六史》。它记载了从传说中的黄帝到明朝末年的历史，成为一部衔接不断、包罗万象的巨著。它篇幅宏伟，史料丰富，完整而系统地记录了中国古代历史的发展历程，展现了广阔的历史画卷。

较之编年体，纪传体具有显著的优点，是以人物为中心，便于考查各类人物的活动情况，且有范围更宽广的历史容量，便于通观历史发展的复杂局面。此外，也便于读者阅读。因此，纪传体成为我国封建社会主流的史书体裁。其缺点是记事分散于本纪、列传、书（志）等篇中，不能完整叙述每一历史事件的过程。

（三）政书

在史学界，一般把以事为中心，记述历代典章制度的史书叫政书。我国古代史家非常重视典章制度的记录，《史记》有八书以记天文、地理、文物制度，其后许多断代史皆沿"八书"体制，设志以记历代典章制度。我国有关典章制度方面的记载起源很早。比如《史记》中的"书"，就记载了天文、地理、文物制度，但是作为一种体例完备、独立成书的实体，是到唐代才正式出现的。政书中有综述历史典章制度的，叫作典制通史。

1. 杜佑的《通典》

综述典章制度的典制通史创始于唐代杜佑的《通典》。他花了几十年时间，撰成《通典》。记事上起传说中的黄帝，下迄唐玄宗天宝末年。全书将历代典制分为食货、选举、职官、礼、乐、兵、刑、州郡、边防九门，每门又分若干目。每目皆标有目名，其下以朝代先后为序，依次记述历代典制。《通典》统括历代各种典制于一书，分类编述，这样完善编纂的体例，开我国典制通史之先河。全书的精华在"二十略"，实际上是各种典制的简编通史。《通典》叙述历代典章制度，内容翔实，源流分明，既补历代史志之未备，又会通古今，为史书编纂开辟了新的途径。特别是把食货放在典制的首位，充分反映了其进步的史观和卓越的史识。

2.马端临的《文献通考》

宋末元初人马端临仿效《通典》体例，撰成《文献通考》，增广门类，或续或补，记事自上古至南宋宁宗时期。《文献通考》记载了从上古到宋宁宗嘉定末年的典章制度沿革，分二十四门。马端临搜集资料，一是靠书本的记载，就是"文"；二是学士名流的议论，就是"献"。作者详加考证，去伪存真，区分类目，排比编纂，就是"通考"，这种方法实开后世历史考证学的先河。《通典》、南宋郑樵的《通志》和《文献通考》后人合称为"三通"。清乾隆年间，诏修"续三通"和"清三通"。清代官修"六通"与"三通"合称为"九通"。1935年，商务印书馆将民国初年刘锦藻的《清朝续文献通考》，与旧有的"九通"合印，称为"十通"。"十通"实为我国典章制度的渊海。

典制断代史主要有"会要"和"会典"两类。会要为分门别类记载典制的史书，多为私人撰修。如唐代苏冕的《唐会要》，清代杨晨的《三国会要》，会典也是记载一代典章制度的史书，但它将一代典制分记于各有关官衙之下，而且多为官修。如《唐六典》《明会典》《清会典》等。

（四）纪事本末体

除了上述史籍外，还有很多重要的历史典籍。比如，在纪传体、编年体以外，还有第三种史书体裁，即纪事本末体。纪事本末体是以历史事件为中心，有头有尾、有本有末、完整叙事的史书体裁。创始于南宋袁枢的《通鉴纪事本末》。这本书将《资治通鉴》加以整理，按时间顺序，区分事目，将每一历史事件独立成篇，标以相应的题目，每篇按年月日顺序述其始末，能完整叙述历史事件的全过程。袁枢的《通鉴纪事本末》首创了纪事本末体。他按事件和主题，把《资治通鉴》一书中分散的史实连贯叙述。这样避免了一件事在书中记载零散、互不相连的缺点，有利于读者集中和全面地了解历史事件，因此这种体裁对后来的史书写作，有很大影响。自袁枢首创此体起，后世史家纷纷仿效，上接下续之作不断问世。《通鉴纪事体末》之上有《绎史》（从远古至秦末）、《左传纪事本末》（春秋时期）；下有《续通鉴纪事本末》（北宋至元末）、《宋史纪事本末》《明史纪事本末》《清史纪事本末》。由此可见，纪事本末体史书也形成了一个贯通古今的独立体系。

（五）史评

史评，即指评论史事或史书的著作。史评体著作按其内容可分为两种，一是史事评论，二是史书评论。

史事评论就是史学家对历史事实进行评论，司马迁的每文之后有太史公曰，开了个头，为后世所沿袭。西汉贾谊的《过秦论》是较早的史论专篇。之后，史论专著不断出现。尤其唐宋以来，评史之风颇盛，许多文人学者都有史论之作，也出现如唐代朱敬则《十代兴亡论》、宋代吕祖谦《东莱博议》、明代张溥《历代评论》等史论专著。其中最负盛名的是王夫之的《读通鉴论》，其中蕴含有深刻的历史哲学思想。书中颇多真知灼见。全书共 30 卷，每卷又分若干篇，每篇选择历史事件、历史人物若干，进行分析评论。

史书评论就是对史学著作进行评论。这种史学评论，司马迁的《太史公自序》是开端，《汉书·司马迁传》是其发展。南朝刘勰在《文心雕龙》中立《史传》篇，专门评述史学著作。唐代刘知几所著《史通》，是我国历史上第一部史学评论专著，是史评杰出的代表作。《史通》内容广泛，论及史书编撰、史学家修养、史学源流、历史观、治史宗旨、修史制度、史学体裁与体例等各方面内容，差不多囊括了历史学的全部理论问题。特别评价了史书编撰中的体例、书法、史料、行文和史家修养问题，是对唐以前史学理论之系统而全面的总结，标志着中国古代史学理论的确立。

中国古代另一部史学评论名著是清章学诚的《文史通义》。这本书论述范围很广，在史学理论方面颇多创见，是史学理论的又一代表作。该书不仅谈史，而且论文。特别是对于编纂方志，颇多创造性的见解。与刘知几强调"史法"不同，章学诚强调"史意"，对于治史的宗旨、任务、态度等都有独到的认识，因而是古代史学理论的杰出贡献。

此外还有清代学者钱大昕的《廿二史考异》、赵翼的《廿二史札记》、王鸣盛的《十七史商榷》等史评、史考体著作。《廿二史札记》不但对二十四史做了全面介绍和评价，而且能把握重大历史事件，综合分析，探究一代政治利弊和兴衰变革的原因，因而对后代学者有很大帮助。

综上所述，可见中国古代史学成就辉煌，诸般史书，应有尽有，逐步完善，各有源流，自成系统，互相补充，彼此印证，在中国史学史上，犹如簇簇盛开的鲜花，争妍斗艳，交相辉映。中国史籍之丰富多彩，中国古代史学之发达，是任何国家都不能比拟的。这是中国史学的骄傲。

三、中国传统史学的优良传统

在我国古代史学漫长的发展过程中，逐渐形成了许多优良传统，它是以往史学家们优良的思想、品德、学风和经验的集中表现。我们所说的批判继承古代史学遗产，不仅是指古代史家所积累的资料、撰述的成果，还应包括反映在史学家身上的优良史学传统。

（一）学兼天人，会通古今

中国古代有代表性的史家及其撰述，一般都具有恢廓的历史视野。他们学兼天人，会通古今，用包容一切的气势和规模，阐述历史的发展过程，探究历史的前因后果。司马迁在《史记·太史公序》中明确提出"究天人之际，通古今之变，成一家之言"的著史宗旨。从此历代史学家都力图在自己的著作里展示其学兼天人、会通古今的恢宏气象。中国古代史学自始至终都不是纯粹的社会科学，它不但记叙了人类社会生活的丰富内涵，而且还记载了自然历史，包含了天文地理的变化。这种既讲天（自然）又讲人的史学内容，是中国古代天人合一思想的体现。作为民族文化精神的主导观念和民族文化特质典型表现的天人合一思想曾是史家著史的指导思想，史家的富有文化史学特色的史著也正是这种天人观的贯彻与实践。历史上的史学家大都是通才，政治、经济、军事、文化无所不通，人事、天事无所不晓。此谓学兼天人。

会通古今，重视通史著述，是中国史学的又一优良史学传统，从西周（公元前841年）起，中国就出现了编年史。从此以后，中国历史便有了持续不断的记载，上下五千年，几乎每年都有史可查。这是中国史学家重视通史著述，力求贯通古今的结果。根据《四库全书总目》和《清史稿·艺文志》著录的史部图书名称，古代有三千九百部史书，多达八万多卷。其中还不包括未被著录的史书。中国古代史书的数量相当可观，诸般史书，应有尽有，逐步完善，各有源流，自成体系，相互补充，彼此印证，展示了史学家学兼天人，会通古今的宏大气魄。日本、朝鲜等邻国查古代史事常常要从中国古代史书中查阅。中国古代史家的这一传统，不仅促进了中国史学的繁荣，而且也影响、造就了许多通人、名家。

学兼天人，会通古今这一优良传统源于中国传统思想，特别是儒家的天人观、古今变通观，而作为史家的历史观，经过他们的验证，使这种思想更深刻更系统。

（二）以古为镜，经世致用

会通古今的目的在于鉴古知今，也就是"以古为镜""古为今用"。

中国古代史学家非常注重当代史的研究，非常注重史学研究的古为今用，这是中国古代史学的又一优良传统。在中国历史上，以史为鉴的思想由来已久。中国历代的统治者都十分重视借鉴历史经验。汉高祖刘邦为了谋求西汉王朝的长治久安，就让一些谋士总结秦王朝灭亡的原因，于是贾谊写了《过秦论》。唐太宗是历代皇帝中最重视、最善于借鉴历史经验的帝王，明确把历史作为治理国家的一面镜子。他嗜史成癖，常常读史通宵达旦。宋代司马光写《通鉴》的目的就是给帝王阅览，从中鉴别得失，宋神宗皇帝特赐名为《资治通鉴》，强调以史为鉴的作用。

中国古代史学家以"经世"为治史，目的以回答和解决社会提出的重大问题为己任，史学家对国家治乱兴衰都给以极大的关注，表现出饱满而深沉的政治情怀。这种政治情怀，大多以经世致用为其出发点和归宿。孔子作《春秋》是为了正世风，救乱世。司马迁著《史记》是为了探寻"成败兴坏"之理，以"前事为后事之师"。杜佑著《通典》备述历代典章制度的治事损益和利弊得失，欲寻求解决时弊之方略，达到安邦济世之目的。明清之际，针对宋明理学脱离实际，空谈心性的弊端，许多著名史学家高举"经世致用"的大旗，写出了一批重要的史学著作，顾炎武、黄宗羲、王夫之、章学诚便是其中的代表。此外，史学满足现实政治的需要，因而又得到国家政权的提倡和支持，这就是政治关注史学。政治关注史学，对史学的发展起到促进作用，同时也出现政权对史学事业的控制，在一定程度上扼杀了史家的创造精神。史家以考论政治得失、劝善惩恶为己任，这也就决定了他们所撰史书的主要内容是现实社会中实实在在的政治和人事。

经世致用的史学传统起初主要是注重史学的鉴戒作用，至中唐杜佑则发展为比较全面的经世目的。杜佑撰《通典》，突破了在史书中从历史事件方面总结治乱得失的模式，深入社会的经济制度和上层建筑领域，从各种制度的沿革变迁中探讨经验教训，从而对历史上的治乱得失做全面而深入的考察；同时也突破了历来所强调的鉴戒模式，提出了以史学"经邦""致用""将施有政"这一具有直接实践作用的认识模式。

（三）据实直书、善恶不隐

史学是一门求真、求实的学问。据实直书，不隐恶，不溢美。将历史事实真实地记录下来，是史学家必须具备的品质。但是要真正做到秉笔直书，并非易事。有时甚至要付出生命的代价，在中国历史上，曾广泛流传着齐太师以身殉职的悲壮故事。

齐太史的风范树立了光辉榜样，为后来的史学家所继承。司马迁又是个典型。他在《史记》中，既写了给他施以宫刑的当朝天子汉武帝的雄才大略，又以"敢述非汉"的浩然正气，忠实记载了汉武帝的种种不善之事，汉武帝迷信方术的愚昧，生活上的奢靡，无一从司马迁的笔下逃过。

北魏崔浩奉诏编写魏史，成《国书》30卷。《国书》记事直书无讳，遭人忌恨。后来崔浩被杀，灭三族，这就是震惊千古的崔浩史狱。清代著名学者全祖望，生活在文字狱迭起的雍正、乾隆年间。他不避文网，不怕灭族，著史大量表彰明代忠烈。唐代刘知几在《史通》中，专写《直书》篇，把直书作为编纂史书的基本原则和评价史著的首要标准。

为了使史官能够据实直书，中国古代还形成了君主不观当代国史的制度，其目的是保证史官能够据实直书；据实直书，善恶不隐的治史传统已深入人心，并成为史家修史所必须遵循的原则。

（四）德识为先、才学并茂

中国古代史学之所以兴旺发达，是同史家十分注重业务和思想修养分不开的。重视史家修养，是中国古代史学又一优良传统。史学既是一门综合性很强的学问，又是一门对政治、对社会有重大影响的学问。史学本身的这些特点，要求治史者具备多方面的素养。中国古代的史学家对此十分重视，并提出了很有价值的见解。《隋志》中提出，作为一名史家，学识上要"博闻强识"，见识上要"疏通知远"。唐代刘知几认为，史家必须兼有史才、史学、史识三长："才"指史家撰写史学作品的表达能力；"学"指史家掌握渊博的历史知识和丰富的资料；"识"指史家明是非、别善恶、观成败的能力。章学诚在充分肯定刘知几史家三长说的同时，进一步明确提出史德，并在《文史通义》中专写《史德》篇，以很大的篇幅加以阐述论证，从而把史家三长说发展为史家四长说。

章学诚认为，作为一个好的史学家，必须全面具备才、学、识、德四个方面的基本素养，缺一不可。但是他强调，在四长之中，德识尤为重要。尽管刘知几早已在史识中包含了史德的思想，章学诚以心术论史德，无疑是理论上的一个发展。总之，德、才、学、识是对史家素质的全面要求，因而成为史家的奋斗目标和评论史家的标准。

寓论于史，史论结合，文史兼修是我国史学的基本要求。一部史学作品是否达到高质量，传世不朽，这要看其事、文、义的水平及其结合状况。史家要有远见卓识，善于继承，勇于创新。没有远见卓识，便巨细莫辨，是非不分，方向不明；没有批判的创新精神，因袭旧惯，谨守绳墨，便不敢攀登史学的高峰。一般来说，中国古代史学中许多闪烁真理光辉的史学观点都是史家远见卓识的具体体现。

中国古代的史学家，不仅从理论上解决了史家自身修养的问题，而且付诸实践。正由于此，才出现了众多的史学名家和大量的优秀史著，使中国史学不论在数量上，还是在质量上都走在世界史学的前端。

第三章　儒家传统文化

第一节　儒家传统文化教育思想

中国儒家的传统文化教育思想就是这些灿烂文化遗产的一部分，它深刻影响着中国封建时代的政治、经济、文化，影响着中国人的心理结构、思维方式和价值观念，它与两千多年的古代中国奴隶社会和封建社会的发展是紧密相连的。我们只有厘清儒家传统文化教育思想的发展脉络，才能真正批判地继承这珍贵的文化遗产，才能更好地了解历史、服务当今，因此，我们要运用历史唯物主义观点理清这份文化遗产，去其糟粕、取其精华；同时，这也是丰富和发展我国传统文化教育和心理学研究的必要条件和重要任务。

一、儒家传统文化教育思想的形成发展

传统文化教育的概念提出较晚，但是其作为一种实践形态，在先秦时期就已经存在了。为了挖掘儒家传统文化教育思想的价值，我们先要了解儒家传统文化教育思想的形成和发展过程。根据儒家文化发展及完

善程度，儒家传统文化教育思想的形成和发展大致可以分为三个阶段，即萌芽阶段、形成阶段和发展阶段。

（一）萌芽阶段

萌芽阶段，主要是远古的三部经典《尚书》《易经》和《诗经》，为儒家传统文化教育思想提供了前提条件。这三部经典都蕴含着极为丰富的传统文化教育思想。从这三本书中，我们可以体会到中国古代传统文化教育的朴素观念。《尚书》包含的主题思想之一就是"亲民"，提倡"德""善""爱"。《尚书》提出了一种关于"传统文化教育"的实践性思想。在舜执掌朝政期间，命夔主管典乐，但并不是仅仅组织和管理音乐和舞蹈本身，而是要他通过典乐形式，进行一种内在的传统文化教育和人格培养，让音乐陶冶情操，提高情绪控制能力。

典乐和诗歌的本意都是通过音律和节奏，以调节人的情绪，教育和培养人格：正直坦率而又温文尔雅，胸怀宽大而庄严敬谨，刚正勇敢而不以强凌弱。这勾画出一种理想的人格特征，同时也是一种传统文化教育的实际规范。到了禹时期，皋陶将舜的人格教育阐发为"九德"，这"九德"实际上就是人的九种品行，属于人格心理的范畴，是一种传统文化教育的实践规范；同时，在《尚书·洪范》中提出了与之相似的传统文化教育规范。即"五事"——貌、言、视、听、思五种心理品质，作为对人之心理和行为的基本规范。不管是"九德"还是"五事"，都是对人品行的教育、培养，其本质已经蕴含了传统文化教育思想。

在《易经》里同样也包含着丰富的传统文化教育思想。就《易经》本身而言其中对卦象的注解，包含着直接的传统文化教育内容。

《诗经》在这方面虽然没有《尚书》和《易经》丰富，但是作为中国的经典文献之一，也有一些心理学的内涵和传统文化教育思想存在。

（二）形成阶段

形成阶段是在春秋战国时期。在这段时期诸子百家所论述的哲学、伦理学、军事和政治思想与理论之中，包含着深刻的传统文化教育思想。孔孟吸收各家之所长，形成了自己独特的"仁""义""礼""智""信"理论体系。儒家传统文化教育思想主要体现在孔子、孟子和荀子的言论和教育过程中。《论语》一书包含极为丰富的传统文化教育思想。在孔子本人身体力行的教育过程中，发挥了极其深远的人格教育和传统文化教育作用；另外，在和学生谈话过程中，也不乏传统文化教育思想。孟子继孔子之后把儒学中的传统文化教育思想进一步发扬光大。孟子以"心"来诠释儒学的真谛。孟子的传统文化教育思想，对宋代的理学和心学都有至深的影响。在先秦思想家中，荀子是较为特殊的人物，不但发展了儒家的学说，而且还吸收了道家的思想。荀子提出了"学莫便乎近其人"的论述，该论述包含着传统文化教育的主张和思想。另外，荀子又论述了"治气养心之术"，提出了养心策略，这种"治气养心术"，在两千多年后的今天，仍然有其实际的传统文化教育意义。

（三）发展阶段

发展阶段，在西汉时期，董仲舒提出"罢黜百家，独尊儒术"的思想，被采纳后，儒家思想就为维护政治统治提供了文化支撑。当然，儒家的传统文化教育思想也就占有一定的地位。董仲舒还主张用礼和义来节制欲望，通过其他方式进行导引，舒缓这种欲望，平衡心理。在唐宋时期，儒家和道家、释家相互借鉴，出现了像程颢、程颐、朱熹这样的思想家。二程曾说："志，气之帅。若论浩然之气，则何者为志？志为之主，乃能生浩然之志。志至焉，气次焉，自有先后。"这说明人的思想意志统帅和支配人的意气、情感。这里的"志"相当于现代心理学中的意志。由这句话可以看出，这是对孟子意志教育的继承，告诉我们做任何事情都要树立远大的志向，坚定目标，以志向统领其他要素，同时也要处理好与其他要素的关系，达到平衡心理、愉悦身心的教育目的。南宋的朱熹说："心不定，故见理不得。今且要读书，须先定其心，使之如止水，如明镜。暗镜如何照物！"心里没有任何杂事的时候，心是平静的。当要用心做事情的时候，才有力量去做好事情。只要整理心情、消除思绪，让心里无事，自然就专注所做的事情。

用心做事，但是事情很多，难免分心，我们要整理思绪、调整心理，贯彻事情的始终。只有这样才可以应对万件事，这就告诉我们在做事情的时候要及时地调整思绪和心情，消除干扰，让自己的心情变得舒缓和平静，使自己的思维更加敏捷，达到做事情的最好效果。由此可见，这句话蕴含了关于心理调节的传统文化教育思想，同时对我们及时调节情绪，具有传统文化教育意义。

二、儒家传统文化教育思想的主要内容

儒家文化是人类智慧的结晶，同时也是传统文化的瑰宝，对于提高现代人的心理素质、增进其心理健康可起到潜移默化的积极作用，包含着丰富而深刻的传统文化教育思想。儒家传统文化教育思想的主要内容包括以下几个方面。

（一）中庸之道——适应心理

儒家文化对国人的影响很深，其中"中庸"思想是儒家文化中心里教育思想的重要组成部分。所谓中庸就是指做事要不偏不倚、平常适度，不要超中庸者，不偏不倚，无过之义，不及。

《中庸》中记载："不偏之谓中，不易之谓庸。中者，过一定的限度，否则就会过犹不及、物极必反。"朱熹注曰："天下之正道，庸者，天下之定理。"中庸之道是封建社会维护稳定和维护人与人之间人际关系的重要精神支柱，埋没了人的创造力，使人失去竞争力；但是中庸思想对提高人的道德观念和身心修养，维护心理平衡具有积极的意义，因此我们要用辩证的眼光去看待儒家的中庸思想。

在中庸思想指导下，儒家的思想家普遍认为，人只有喜、怒、哀、乐等情感表现适当，按照客观的规律行事，才可以健康，才可以茁壮成

长。如果将"中庸"思想具体落实在传统文化教育问题上，就是适应心理。人在生活中往往有两极的情感体验，如悲观与乐观、紧张与松弛、高兴与悲伤等。人的心理尤其是情绪处于这些体验之中，就会出现很大的心理落差，造成心理不平衡和行为异常，所以，中庸强调要保持心理中和，不要过分地偏向一极，以便及时调整心理状态，保证性格的稳定，恢复心理平衡。

孔子的身体力行表现出了其独特的人格特征。另外，他还要求自己的学生要讲求中庸，保持心理的平衡。讲求中庸之道，小人的行为都违反中庸的道理。君子之所以能够呵护中庸的道理，是因为君子能随时恪守中庸，致中和，无过与不及。小人之所以违反中庸之道，是因为小人不明白这个道理，无所顾忌，无所不为，打破了原有的平衡。同时，在《荀子》一书中，也提到了"血气方刚，则柔之以调和"（《荀子·修身》），"勇胆猛戾，则辅之以道顺"（《荀子·修身》）。这几句话的深层含义就是要求我们要积极把握自己的内心世界，及时调节自己对外界各种刺激的情感体验和心理反应，乐观接受外界的事物，使心理状态居于适中，使心理调节有一定的幅度，免得造成心理调节失衡，产生心理障碍。如果不能使心理状态达到适中，面对外界刺激就会表现出行为过激、焦躁不安，产生抑郁情绪，对自己和他人都造成伤害。中庸之道讲求贵和尚中，从心理角度讲就是要求注重修养，心理调节要具有弹性，不要走极端，以免产生轻生念头。那么，中庸之道更深一层的含义就是要以中庸之道思想为指导，调节身心，缓解心理压力，尊重生命，敬畏生命，增强生命意识，让阴霾笼罩下的心情重见阳光。

中庸，用当代人的思维来解释就是指适当、适度，这是人对待人生的态度，对调节人的生活方式、规范人的道德行为、追求事业的成功都有很大作用。当然，防止偏倚、保持中和态度，对当代人心理平衡更是起着不容忽视的作用。适度自信能够助人走向成功，但是过度自信就会是一种自负，缺乏自信就是自卑。人生道路不是平坦的，是布满荆棘的、曲折的。当我们面对挫折和痛苦的时候，我们要保持良好心态，这是我们进步的源泉；过于痛苦就会使我们丧失斗志，失去前进动力。

现代社会的生活节奏加快，各方面的压力越来越大，越来越多的突发事件使人们措手不及。家庭、事业、生活中不如意的事情冲击着人们疲惫的心灵，造成某些人的心理障碍或者精神失常，甚至有人自杀以求解脱，所以，儒家"中庸"思想日益显露出其在传统文化教育方面的重要性。人们要想在竞争日益激烈的现代社会中立于不败之地，就必须有良好的心理状态，不要"偏倚"，不要"过"，也不要"不及"，要用良好的心态去面对社会生活中的事情，及时调整心理对外界刺激的反应，维持心理平衡，维护心理健康。

（二）和、仁——人际心理

"仁爱""和谐"是儒家文化的重要思想。在人际交往中，仁爱、和谐是必不可少的，它是人与人之间了解的基础，同时也是维护人际关系的基础。

"和"是中国文化的主导意识，主要是强调多元的和谐与协调和对立的消解，是一种人人相和、天人合一的完美境界。追求和谐是中国传统、民族心理和社会生活的重要特征。"仁"是中国儒家学派道德规范的最高原则，是孔子思想体系的理论核心，是一种出自内心的爱人的情感。孔子把"仁"定义为"爱人"。后来，孟子将"仁"与"义"联系起来作为道德行为的最高准则。从心理学角度出发，儒家的和谐与仁爱思想都蕴含丰富的传统文化教育思想，对传统文化教育也有一定的意义。

生活就是一个五味瓶，充满了酸甜苦辣。在日常生活中，难免会出现一些摩擦或者不如意的事情，因此，我们要淡泊名利，与同事、朋友建立良好的人际关系，使自己的人际心理达到和谐。要达到人际心理的和谐，第一是自己要有和谐的内心，即内部心理成分与主体行为的协调统一。一个人的内心和谐是拥有和谐的人际关系的基础。在生活中，人的欲望没有得到满足或遇到一些挫折就会产生心理挫折，使心理的各要素不能协调统一。物质欲望过度也会造成心理不健康，所以，我们要引导人们积极地追求精神上的快乐，来化解物质需求带来的心理冲突，使人们的心理能量得到充分的释放，以缓解或减轻心理压力。正如孔子在《论语·述而》中所提到的，"饭疏食，饮水，曲肱而枕之，乐亦在其中矣。不义而富且贵，于我如浮云"。意思是：吃粗粮，喝白水，弯着胳膊当枕头，乐趣也就在这中间。用不当的手段得到富贵，对我来说就像天上的浮云一样。孔子的学生颜回只有一箪饭，一瓢水，住在简陋的房子里，还是很快乐，这就说明他对物质没有很高的需求，积极追求精神快乐，使自己内心达到和谐。第二是人际关系和谐。人是社会性动物，有和别人交流的欲望，所以就要建立良好的人际关系。

现代心理学把人际关系是否和谐作为心理健康的标准之一。在人际关系方面，孔子强调"和"是君子人格中不可缺少的因素。孟子说"天时不如地利，地利不如人和"，也强调了和谐人际关系的重要性。所以，不管是家庭关系还是师生关系，都要保持和谐的气氛，以不影响自己和别人的心理状态。除了"和"以外，仁爱也是人际关系的要求。"人者，仁也。""仁"字由"人"和"二"字组成，即表明与人交往之道是儒家的重要内容。在人际交往的时候，要用对待自己的心去对待别人，爱别人，把爱心推己及人，扩大爱的范围。"君子去仁，恶乎成名？……造次必于是，颠沛必于是。"（《论语·里仁》）这句话的意思是，在做任何事情的时候都要有仁爱之心，有仁德。另外，孔子在《论语·里仁》中记载："苟志於仁矣，无恶也。"如果立志于仁德，就不会做坏事。在人际交往中，只要有仁德之心，就会建立良好的人际关系。

身心和谐与人际关系和谐是人际心理和谐的基础，只有二者达到和谐状态，才可以保证人际心理的和谐，主动、积极、理性地化解人际关系中的矛盾，使自己和他人的心灵得到安宁和幸福，而且也有利于自己积极融入群体，与他人和睦相处。儒家的和谐思想和仁爱思想是通过内在和谐与外在的修养来达到与人和平共处，营造关心他人，互相宽恕、忍让、谅解的和谐氛围，以改变现代社会中的仁爱精神缺失、情感冷漠和人际关系冷淡的现象，因此，我们要注重内心的和谐和人际关系的和谐，以培养自己在人际交往过程中的心理，提高心理品质，优化心理结构，从而促进受教育者的全面发展。

（三）志、信、恒——意志心理

儒家文化关于意志心理的阐述主要体现在意志、信心和恒心三个方面。

（1）要树立远大而崇高的志向。在《论语·为政》中，子曰："吾十有五而志于学，三十而立……七十而从心所欲，不逾矩。"这是孔子老年对自己立志学习过程的一个总结。同时也可看出立志后的实现志向过程是漫长的，要有恒心和信心，通过不懈努力去实现。在《论语·里仁》中，子曰："苟志於仁矣。""士志于道。"子曰："盍各言尔志……朋友信之，少者怀之。"（《论语·公冶长》）；子曰："三军可夺帅也，匹夫不可夺志也。"（《论语·子罕》）；"富贵不能淫，贫贱不能移，威武不能屈。此之谓大丈夫。"（《孟子·滕文公下》）这几句都是孔子对立志的相关阐述。由此可见，儒家注重志向的教育，教育我们要在自己志向的引导下，下决心采取各种方式去实现自己的志向；另外，在孔子看来，一个人的志向就是人生奋斗的目标。人生有了目标，就有了追求，就不会碌碌无为、荒废人生，因此，我们要立志克服生活、工作和学习中的一切困难，排除各种障碍，最终实现自己的理想。

（2）要树立信心和信念。在《论语·述而》中，孔子说："我欲仁，斯仁至矣。"这句话充分地表达了他对实行仁德的信心和决心。《论语·泰伯》记载："笃信好学，守死善道……邦无道，富且贵焉，耻也。"这句话是说，要坚定信念并努力学习，誓死守卫并完善治国与为人之道。不进入政局不稳的国家，不居住在动乱的国家。天下有道就出来做官，天下无道就隐居不出，这也体现了信心和信念在实现自己志向过程中的作用。《论语·子罕》记载："知者不惑，仁者不忧，勇者不惧。"这句话的深层含义是，具有积极的心态和信心的人，面对日常生活中的突发事情的时候，会临危不惧，充分发挥自身的优点，化腐朽为神奇，克服困难与障碍。在孔子看来，在实现志向的过程中一个人只有立志和决心是不够的，还要对自己的志向充满信心，坚定信念。当一个人拥有充分的自信和信心时，才能够做到孔子所说的"当仁不让于师"（《论语·卫灵公》），才能成为孔子所说的具有坚定信念的仁人志士。上面都是从正面对信心所做的表述，孔子还从反面对信心做出表述，批评没有信心的危害性。如冉求对孔子说："非不说子之道，力不足也。"孔子回答说，所谓的"力不足"，是走到中途因力尽而停止。所以，我们做任何事情都要坚定信心，善始善终，不要半途而废。

（3）在实现理想的过程中要有恒心。恒心是意志的一种表现。根据孔子和荀子的观点，要实现自己的志向和目标，就必须持有恒心，而且还把恒心提到比较高的地位。在《荀子·劝学》中，荀子说："积土成山，风雨兴焉；积水成渊，蛟龙生焉……锲而舍之，朽木不折；锲而不舍，金石可镂。"这是勉励我们以志向和理想为目标，要有恒心和信心，重视自己，努力去实现自己的志向，不要半途而废。

由此可见，为了磨炼意志、提升心理耐受力，就必须教导受教育者，一旦决定做某一件事就要下定决心，树立信心，坚定信念，持之以恒，坚持到底。根据目前的教育状况来看，有一部分受教育者的意志力不是很强，所以，我们要借鉴和吸收儒家在意志教育方面的经验，以培养受教育者的心理耐受力和抗挫折能力，提升其心理品质。

（四）内外兼修人格心理

在心理学中，人格是指一个人在社会化过程中形成和发展的思想、情感及行为的特有统合模式，这个模式指个体独具的、有别于他人的稳定且统一的各种特质或特点的总体。在心理学中，还经常运用"个性"一词表达人格概念。

关于人格心理，在中国儒家文化中，是从生成论的角度对人格进行研究的，认为人格不但体现在一个人的品德和行为方面，还有一定的传统文化教育意义，其中儒家的理想人格就要求人要注重并加强内在和外在的修养，完成传统文化教育的任务，实现传统文化教育的意义。目前，心理学界一般把人格结构分为两大部分：气质和性格。这与先秦儒家通过内在修养和外在修养两个方面进行传统文化教育具有异曲同工之效。

《论语》到《荀子》都包含有很多关于"礼"的词句，可以看出儒家将"礼"作为人格修养和人际关系是否和谐的标准之一。为了培养道德高尚的人，儒家在其教育过程中注重礼对人的行为的约束，以端正人的行为，塑造完美的人格，提升心理品质和人格魅力。

由此可见，儒家所注重的内外兼修是通过对人的内心和外在行为进行规范和约束，使其行为表现符合生活礼仪，使自己内心愉悦，保持心情畅快，优化心理结构，增强心理素质和信心，以达到塑造完美人格的目标。

（五）学、思、习、行

20 世纪 50 年代中期，在西方兴起一种心理学思潮，这种思潮就是认知心理学。认知心理学从 20 世纪 70 年代开始成为西方心理学的一个主要研究方向，主要研究人的高级心理过程，即认知过程，如注意、知觉、表象、记忆、思维和语言等。

在西方有认知心理学，同样在有着悠久的历史和博大精深的文化底蕴的中国，其古代典籍中也蕴含着丰富的认知心理思想。在孔子言论与教学实践过程中，就包含着许多认知心理思想。就拿学习这个过程来说，其中就包含思维、记忆、注意和语言等。如："学而不思则罔，思而不学则殆。"（《论语·述而》）意思是：只读书学习而不思考问题，就会茫然无知而没有收获；只空想而不读书学习就会疑惑而不能肯定，这就说明在学习过程中，学思不能偏废。从传统文化教育层面来说，当一个人有疑惑或者出现心理疾病的苗头时，我们就必须加强心理知识的学习，了解和掌握这些知识来纠正自己的不良习惯和思想，使自己走出心理困扰；同样，在《论语》中还有很多类似的语句。"多见而识之""多学而识之""默而识之"等，都是通过学习，增加对事物的感知，进而由记忆和思维，并经自己的行为强化对该事物的印象；同时，因为有很广泛的感知，对这些事物有一定的了解，进而可以增强自己的心理承受能力，抵御不良事物的侵袭，维持自身心理的平衡。另外，在《孟子·告子上》中，孟子也有关于感知的阐述。如："耳目之官不思，而蔽于物。……心之官则思，思则得之，不思则不得也。"孟子认为，人的耳目不是思维的器官，它们在与外物接触的过程中使自己大脑对外界的事物产生感知，但是这些感知都是事物的表象，具有局限性，是靠不住的，因此，我们要对这些事物的表象进行更为深刻的思考，加深记忆，避免在以后遇见类似事物或事情时紧张或者不知所措。在先秦儒家教育过程中，孔子和孟子除了注重对外界事物感知的教育，还注重"六艺"的教学，通过进行艺术教育对人的身心的熏陶，维护其心理健康，提升心理品质。如"乐其可知也；始作……绎如也，以成"（《论语·八佾》）；"志于道，据于德，依于仁，游于艺"（《论语·述而》）；"兴于诗，立于礼，成于乐"（《论语·泰伯》），这几句从艺术教育的角度说明艺术教育对个人的修养有提升作用，能够陶冶情操。从传统文化教育层面来讲，通过对艺术教育的学习和实践可以使心理状态达到平衡，可以减少心理负担、愉悦心情，保持良好心理品质，进而促进人的全面发展。

三、儒家传统文化教育思想的特点

（一）以人为本

《尚书》中有这么一句话："惟天地，万物父母；惟人，万物之灵。"自从这句话提出"以人为本"的理念后，绵延数千年，大多数教育家、思想家都普遍认同"天地之间，人为贵"的思想。尤其是儒家，在其教育实践中更是将"以人为本"的思想发挥到极致。孔子根据"以人为本"的思想提出了"人贵论"的著名论断，这一论断体现了人的重要性。在以孔孟为主的儒家教育中，主要是以知识教育和传统文化教育为根本，以塑造人格为基本，以德育为导向，将传统文化教育的内容融入礼、乐、射、御、书、数六艺的教学过程中，通过德、智、体、美四个方面全面发展来育人，实践"以人为本"的思想和理念，以"学会做人做事"为儒家教育的出发点和落脚点。孔子思想的集大成者——孟子发展了孔子关于以人为本的思想。孟子认为要做一个真正合乎道德规范、具有良好心理素质的人，必须具有"富贵不能淫，贫贱不能移，威武不能屈"的完美人格，所以，儒家在教育过程中非常重视以人为本的思想，重视个人的全面发展。在现代，以人为本理念要求我们不但要重视个人的全面发展，同时还要注重生命教育。因为生命教育是个人全面发展的前提和基础，进行生命教育就是践行以人为本的理念。

综上所述，儒家教育是在生活中通过让受教育者树立崇高的理念，塑造健康的人格，倡导生命教育，提升心理素质，促进其全面发展，以践行以人为本的教育宗旨。

（二）倡导和谐

一方水土养一方人，根植于中华大地的中国传统文化也自然将"和"置于崇高的地位。儒家思想是经世学问，其传统文化教育思想主要体现在人与人、人与社会关系的论述中。主要体现在以下几个方面：首先是群体的和谐。团体或群体的和谐能够使人产生一种归属感，主张与他人建立良好的人际关系，找准自己在团体中的位置，进而实现自身的价值。人是群体性动物，只有通过人际交往，建立人际关系，实现心灵之间的交流，维护心理健康，才能影响并促进传统文化教育的发展和完善；其次是实现义利的和谐。在中国古代有重义轻利的观念。儒家对义利关系总的观点是义贵于利、义高于利、义重于利。当个人利益与国家利益、民族利益冲突时，要有一种大局意识，维护大局利益，以牺牲个人利益来维护国家和民族利益。由此，儒家重义轻利的观念一方面把义视为高于利的价值追求，从而避免了过分追求利益所导致的物欲横流；另一方面也充分肯定了对个人合理利益的追求，从理论和实践方面缓和了义利矛盾，为进一步解决义利矛盾提供了更为广阔的空间。在治国理念方面，儒家也强调和谐，君王治理国家的高明之处就在于使国内各个阶层达到和谐。

（三）以德为先

儒家学说是一种经世学说，通过道德教育规范和约束人的行为，并且进行"六艺"之教，培养受教育者更为广泛的爱好和兴趣，达到修养身心的目的。《论语》记载："信近于义，言可复也；恭近于礼，远耻辱也"（《论语·述而》），"人而无信，不知其可也"（《论语·为政》），"克己复礼为仁"（《论语·颜渊》），"己所不欲，勿施于人"（《论语·卫灵公》），"君子坦荡荡，小人长戚戚"（《论语·述而》），"躬自厚而薄责于人，则远怨矣"（《论语·卫灵公》），"富贵不能淫，贫贱不能移，威武不能屈"（《孟子·滕文公下》），"吾日三省吾身，为人谋而不忠乎"（《论语·述而》），"见贤思齐焉，见不贤而内自省也"（《论语·里仁》）。这些论述都强调要堂堂正正做人，做一个内心健康的人，要注重自己内在修养，通过树立诚信、待人宽容、仁爱等形式加强自身修养，规范自己的行为，为他人树立榜样。孔子不但注重道德修养，还注重通过音乐、休闲娱乐来调节身心、陶冶性情，使心理达到平衡。在中国古代，诗歌、音乐和舞蹈经常是融合在一起的，对培养人才，塑造并健全完善人格起着重要的作用，所以，音乐在养生、传统文化教育和提升修养方面都具有不可替代的作用。音乐和舞蹈融合使人赏心悦目，心旷神怡，给人一种完美的精神享受，使人的心理状态得到舒缓、平和。孔子除了爱好音乐外，还喜欢钓鱼、射鸟、郊游等休闲活动。通过钓鱼、射鸟、郊游等休闲活动，转移注意力，释放心理压力，调适情绪，调节心理，丰富情感，保持心理健康。

（四）主张中庸

我国传统文化博大精深，中庸之道就是其中的经典之一。人们以前错误地认为中庸之道就是不思进取、搞调和论。随着时代的发展，人们正确地认识到中庸之道有积极的一面，可以作为做事做人的准则，以减少人际交往中的冲突。在传统文化教育方面，中庸之道也有一定的理论意义，即以中庸之道为指导，要保持心理平衡，要有良好的心理状态。目前，经济得到了长足发展，但是人们的心理和思维观念转变得比较慢，致使心理承受了很大的压力。中庸之道对调节现代人的生活方式和对待人生的态度，维持人们良好的心理素质和心理状态都有非常显著的作用，对现代人心理健康的维护也有一定的借鉴价值。中庸用现代词汇或者语言解释就是要讲求适度，防止偏倚。比如，在工作中要有适度的自信，适度的自信是成功的必备条件，过于自信就会变成自负，没有自信就会变得自卑。面对工作中的挫折，要有适度的痛苦，只有适度的痛苦才能化悲痛为力量，同时也是进步的动力，过于痛苦就会使人失去斗志，退缩不前。在现代社会中，生活的节奏在加快，面临的挑战也越来越多，人们的心理问题也越发突出，儒家的中庸之道在调节心理状态方面的作用就越显重要。不管是做事情还是做人都要讲求适度，适可而止，以维护心理诉求的平衡。中庸之道在传统文化教育方面具有一定的指导作用和意义。

（五）育心于德

在儒家文化中，没有明确区分德育与传统文化教育，但是德育教育过程中包含有传统文化教育的内容。我们可以认为传统文化教育是儒家德育的一部分，因此，在儒家教育过程中形成了"以心育德、以德养心"的理念，该理念注重对个性心理层面的研究，有助于个体道德人格的培养和发展，帮助受教育者解决教育过程中出现的心理困惑和心理问题，释放来自自身内心和外界干扰所产生的心理压力，促使受教育者形成乐观坚毅、积极进取的生活态度。

儒家道德教育是从道德认识、道德情感、道德意志与道德行为四个方面进行的。在这个过程中，其具体内容包含有传统文化教育的功能。儒家德育和传统文化教育是融为一体的，育德、育心同步进行，可以使教育取得双重效果。

第二节 儒家传统文化中《论语》蕴含的生命教育思想

一、《论语》中的生命教育

《论语》所反映的孔子思想的基本特质可以看作是一种"生命的学问"。它充满为人处世的道理及人生信条，是对人生终极意义之关怀，体现着生命特征、生命观、生命道德规范、生命成长之道、生命理想等丰富的生命教育内容，表现出众生有为和向往生命和谐的教育特征。高超有效的教育方法和层次各异而又切实的教育目标，从不同方面可以使人的心灵得到安顿，具有超越时空的特点和功力。

孔子认为，君子不能像器皿一样只有某种特定用途，所以不应该把自己当作特定的工具来使用，而要注重生命的不断发展，注重道德品质和精神境界的提升。他关注生命个体的自由成长，通过"点化、润泽生命，确立生命的价值向度，陶冶虚灵的精神境界，顺应人的生命自然，诱导人的自然生命，使生命从其对自身之自然、本然的回眸中'觉'悟到所当趋赴之应然。最终成全人的全面发展，使人赢得自由"。孔子把学生培养成为具有专门知识和生存技能的职业人、工具人至多算是他热爱并献身教育的"副产品"。他开办私学的终极目的是培养具有独立人格的"君子"，让生命个体承担传承"道"的历史重任。

人的生老病死、悲欢离合是生命的实然状态和自然规律。超越肉体生命的短暂有限，实现精神、价值生命的永恒是人类普世的生命价值观。以德行圆满为最大幸福的儒家"倡导以'立德'为特征的生命价值观，通过'立德'来实现生命的'不朽'，是儒家生命智慧的最高境界"生命的超越性告诉我们，生要追求真理、力求超越；死要正确面对、死得其所。生命的超越性启示我们，在利用现实中超越现实，以至于追求永恒。

从以上所言可以看出，把握生命特征是生命教育的基础和重要环节，更是生命教育的现实需要。

（一）以价值为中心的生命观

《论语》反映出孔子以价值为中心的生命观，从不同方面强调人应该创造价值，主要包括人的人格价值、人的社会价值，其中人格价值包含人的理想道德价值和独立人格价值两方面。

孔子曾说："君子道者三，我无能焉：仁者不忧，知者不惑，勇者不惧。"孔子谦虚地说，他没有做到君子应遵循的三个原则，即仁、智、勇，可见他对人生价值的重视。为了成全体现人格价值的"仁"，他认为当道德价值和生命价值发生矛盾和冲突时，人就宁肯牺牲生命。在他看来，人的理想道德价值高于人的生命价值，正如他说："志士仁人，无求生以害仁，有杀身以成仁。"这种价值取向使得重气节、尚情操的风尚在中国历史上经久不衰，层出不穷的民族英雄和革命志士推动了历史前进，同时也实现了他们的人生价值。孔子还重视人的独立人格价值，强调发挥人的道德主体性和主观能动性，因为它们是创造任何价值的必要条件。

人的社会价值是指人对社会的贡献和正当索取，这涉及孔子的义利观。"义"是指体现社会公利的道德标准，"利"是指个人利益。孔子主张"见利思义""见得思义""义以为上""义然后取"等，显然有重义轻利倾向。这种倾向注重社会公利，强调个人对社会的贡献，个人对社会贡献的大小决定着他的社会价值。这种价值取向有利于应对当前浮躁的社会形势下，人人追求名利得失而导致的努力最小化与利益最大化的矛盾。

孔子以价值为中心的生命观抓住了生命存在的依据，为体现生命意义提供了可能，是现代生命教育可资借鉴的重要内容之一。

（二）以"仁"为核心的生命道德规范

"仁"的一般意义是"爱人"，具有人本主义意味；其特殊意义是"忘我"甚至"无我"的积极奋发精神，是孔子所认为的最高道德标准，"仁"的更本质意义，乃在于它是孔子世界观的重要组成部分，是他一切思想的出发点和归宿点。然而到底什么是"仁"，孔子并未从概念上加以说明，也没给它下定义，也许因为"仁"不是一个概念，而是人的存在本质。与其说它"是什么"，不如说它"要如何"，"仁"是一种存在状态，同时也是在过程中存在的本质。"仁"在每一个人的心里，是人之所以为人的内在德行，所以说，"仁"的地位很高，含义丰富，对人的生命成长相当重要。

1."仁"的地位

作为伦理思想的重要内容之一，"仁"产生的根源是社会关系大变动。"仁"是对人与人（包括父子、君臣、朋友、夫妇）以及国与国之间关系的伦理总结，因而具有很丰富的内容。孔子首先把仁作为儒家最高道德规范，提出以仁为核心的一套学说。"仁"的内容甚广，核心是爱人。从字形及词源来看，"仁"字从人从二，指人们之间互存、互助、互爱之意，其基本含义是指对他人的尊重和友爱。以孔孟为代表的儒家把仁的学说施之于政治，形成仁政说，在中国政治思想史上产生了重要影响。

孔子视"仁"为最高道德原则、道德标准和道德境界。他第一个集整体的道德规范于一体，形成了以"仁"为核心的伦理道德规范，它包括孝、弟（悌）、忠、恕、礼、知、勇、恭、宽、信、敏、惠等内容，是各种道德规范的内在依据，各种道德规范是"仁"在不同方面的具体体现，或者说是对人与人之间关系正面的、有一定特色的写照，如对父母、兄弟、上司、下属、朋友的"仁"就分别表现为孝、弟（悌）、忠、恕、信，其中孝悌是仁的基础，是仁学思想体系的基本支柱之一。"忠"其实就是积极意味上的"仁"，"恕"其实是消极意味上的"仁"。

2. "仁"的含义

"仁"是理解《论语》或孔子思想的钥匙，它指涉三个思想层面：其一，人之性，即每一个人都具备的人性；其二，人之道，就是人活在世界上对事物具体的选择途径；其三，人之成，也就是人格的完成和生命价值的实现。这三个层面显示了"仁"可以视为"人"的实现，同时，肯定了人有无限的潜能，这三个层面的意义都可用"仁"的概念来影射。不同学生问仁，孔子给予不同回答，这是他实施教育的绝妙之处，绝非低层次的纯粹知识位移式的上传下，而是他与弟子间的生命共鸣和精神洗礼。

甚至对同一学生的不同成长阶段，"仁"的含义也不同，因为孔子的回答是针对学生不同时期的特点，指点他们如何择善，更能体现"仁"的动态性意义。

除了回答学生问"仁"，另有不少言论也说明了"仁"的丰富含义。如"巧言令色，鲜矣仁"。批评那些缺乏真心诚意的家伙，因为美妙动听的花言巧语，加上讨好热络的谄媚表情，难得表里如一，与"仁"背道而驰。

3. "仁"的作用

孔子对"仁"的思想的重视，表明"仁"的思想和学说是孔子整个思想体系的价值核心，同时也是儒家学说的核心，对中华文化和社会的发展产生了重大影响。孔子从不同方面、不同角度多次说明"仁"和行仁的重要性。

其一，"仁"是"礼""乐"之灵魂。"礼""乐""仁"都是人的生命活动中必不可少的，"仁"是内在的东西，是行礼作乐之人的真情实感；"礼""乐"是外在东西，有具体的表现形式与器物，内外必须统一，才成为礼乐。

其二，从人与环境之关系角度阐述"仁"的重要。"仁"是民风淳朴之意，是许多人走在正道上的效果。如果人与人真心诚意来往交流，就会形成淳厚风气。孔子认为选择缺乏淳朴民风的地方居住算不上明智，也说明"仁"不可或缺。

其三，要使生命处于正途，非行"仁"不可。"仁"指人之道，即人生正途，具体表现为择善固执。行"仁"者走上人生正道是其本性，而非外力所迫。以"仁"作为立志的目标，去恶从善的行仁是人生历程，即择善固执。重要的是立志之后一定要努力践行，即正确选择和坚持走人生正道。

其四，孔子认为对任何人来说，行仁并非"力不足"。从伦理学角度看，仁而无私并不难为，但人们却往往不愿为之。尽管如此，孔子依然坚持认为行仁并非难事，完全由主观意愿决定，与客观条件无关。依孔子之道，是要求人择善固执以成就完美人格，所以再有会有力量不够的想法，但孔子压根就不相信他力不足。

其五，"仁"是君子成就名声的必要条件。行仁必须有恒心、有毅力，有坚定的信念和坚强的意志，否则，面对富贵就会"不以其道得之"，即不择手段，面对贫贱不以其道去之，不计后果。

其六，孔子提出必要时要为"仁"的实现而献身，即"杀身成仁"，和后来孟子所说的"舍生取义"意思相同，都是肯定人应该以实践道义为人生的首要关怀。道德规范是人类所独有的，舍此则人类有如动物一般。孔子以"仁"为核心的道德规范之价值在于它有助于处理人与自我、人与人、人与社会之间的关系，有利于使人关注其自身发展，意味着人的道德素质的不断提高。要身体力行地行仁，就要"见贤思齐焉，见不贤而内自省也"。

总之，以"仁"为核心的生命道德规范告诉我们，应有诚心为仁的愿望，进一步实践本质爱人的"己欲立而立人，己欲达而达人""己所不欲，勿施于人"等人生正途，才能表现出"泛爱众，而亲仁"的"仁"的价值，这种非思辨的理论，结合实际，有极强的可行性和可操作性，可视为人性解放的终极关怀。

二、鲜明的生命教育特点

在"人是教育的对象"和"教育的对象是人"的前提基础上，生命教育通过有目的、有计划、有组织地熏陶人的生命意识，培养人的生存能力，提升人的生命价值的教育，使人认识生命、珍视生命、欣赏生命，探索生命意义，实现生命价值，提升生命境界。从此角度来看，《论语》反映出的孔子重视生命，尤其是人的生命，追求人与自身、人与社会、人与自然的和谐，提升生命意义等生命教育的特点比较鲜明，至今看来仍难能可贵。

（一）重视生命存在

人类社会的存在和发展离不开生命的参与，生命是世界变得美丽而宜人的必要条件。为此，任何有志于为他所处的社会贡献一己之力者无不看重生命，圣贤孔子有过之而无不及，无论是站在人本主义、人文主义，还是站在人道主义的立场来看都是如此。

首先，孔子重视动物的生命。《论语·述而》篇中"子钓而不纲，弋不射宿"意为孔子钓鱼时不使用绑着许多钩子的绳，射鸟时不针对在巢中休息的鸟，不仅说明孔子坚持有原则、有限度地猎取动物为我所用，反映出他践行"文""质"关系，决心做一名"文质彬彬"的君子，更见证了他重视鸟、鱼等动物生命的仁德思想。

其次，孔子更加重视人的生命。当人的生命和动物的生命之间存在取舍时，孔子肯定注重前者，这和他的"爱有差等"原则如出一辙。由于人的生命极为有限，却要追求无限超越，一方面，人通过世代繁衍使个人有限的生命得到无限的延续，和自然界的无限生命相伴随，从而实现个体的人对于生命永恒的追求；另一方面，孔子重视"礼"，"生，事之以礼；死，葬之以礼，祭之以礼"，不只是教导子女应对父母孝敬，也是通过慎重对待"死亡"表示对人的生命的重视。因为"死是人类终极的不可逾越的存在本质，其存在正好彰显出人生奋斗的重要性，珍惜生命的必要性，善用此生的紧迫性"。

最后，孔子重视自身生命安危和健康成长为生命教育树立了榜样，提供了借鉴。

孔子在重视生命的基础上从事教育，抓住了教育的原点，实现了有"人"的教育，尽管他旨在培养仁人君子圣贤，但至今看来仍是"产销对路"的无视"人"的、社会本位的、工具理性的教育应该借鉴的合理理论。

（二）向往生命和谐

人的思想往往是对自我人生经验的体悟，孔子也不例外。"吾少也贱，故多能鄙事"的生命体验使得他的思想与生命紧密相连，他践行了自己提倡的生命智慧，最终落脚于生命和谐的境界。孔子倡导仁者爱人的与人和谐观，要求"泛爱众，而亲仁"。他所说的和谐是承认对立和差异的，因为"知和而和，不以礼节之，亦不可行也"，所以要"和为贵""和而不同"。

孔子认为要做到政和，既要施行德政，"道之以德，齐之以礼，有耻且格"又要爱民，"节用而爱人，使民以时"还要重用正直的人，"举直错诸枉，能使枉者直"。对于人与自然的和谐，孔子崇尚"天人合一"的境界，视人与自然的关系为一整体，双方要良性互动，和谐相处。孔子要求人在敬畏自然的基础上发挥其主观能动性，探索自然规律，为人类服务。为此，人类应合理利用自然，有限索取自然，孔子"钓而不纲""弋不射宿"的和谐典范显示出可持续发展的眼光。

总之，《论语》中反映了孔子注重事物发展过程中的和谐因素，以道德人文精神贯通天、地、人，使它们成为德行相合、生生不息的统一体。

（三）观照生命意义

生命意义的根基是一种终极价值，它对人类具有普遍适用性和普遍约束性，寻求这种根基就是探寻正确的人生之路，人生之路即上文所说的生命成长之道。"天地之性，人为贵"，说明人是宇宙的精华，万物之灵长，"生命诚可贵"，应该放出生命光彩。一粒种子会展现出生命的力量，一棵小草要抖出生命的绿色，一朵小花也要绽开生命的亮丽，人更要活得有意义、有价值。"穷则独善其身，达则兼济天下"，必要时，为了自己的理想，"杀身成仁，舍生取义"，让生命放出夺目的光彩。

在孔子看来，坚持行仁、择善固执就是人生正确的康庄大道，正如他说"志于道""依于仁"。孔子说"不知命，无以为君子也"，即教人应该懂得生命的意义。孔子认为生命的终极意义在于达到天人合一、物我一元之境，继而救度众生，同归大同，"己立立人，己达达人"正是他提出的实现人生意义的过程和结果。孔子对生命意义的探索体现在他的伟大而崇高的理想之中。

由于当前备受诟病的见"利"忘"义"倾向与重"物"轻"人"的教育不无关系，在名利场中奔波的人们往往忽视生命的意义和价值以及人生目标，只追求知识的转移、传递、堆积及其物化的"效益"，显然是教育异化的表现，扼杀生命就在所难免了。所以，孔子提出的择善固执的人生之道、追求自由的生命本性、化命运为使命的抱负、最终达到天人合一的境界均可作为从事生命教育时探索生命意义的理论资源和突破口。

三、有效的生命教育方法

教育是人的生命的存在形式，是生命间的共鸣互动，同时也是"唤醒人的生命意识，启迪人的精神境界，建构人的生活方式，以实现人的生命价值的活动"，从这个角度来看，孔子的教育方法丰富多样、独特有效，在很大程度上诠释了教育的真谛，值得生命教育借鉴。

（一）身教示范

所谓身教示范，就是在教育活动中，教育主体能够以身作则、率先垂范，所谓德高为范或身正为范。孔子开创的儒家教育中，身教示范尤其重要。孔子"三人行，必有我师焉：择其善者而从之，其不善者而改之"告诉我们，进行教育时要身体力行，以不断地完善自己为教育他人的前提。

首先，孔子主张身教示范，肯定上行下效的作用。他认为"其身正，不令而行；其身不正，虽令不从"。强调道德的示范作用，而道德是人类的独有，不可能单独存在，所以在孔子看来，要对他人有积极影响，就必须提高自我道德修养。

其次，孔子说到做到，时时处处以身作则，以自己的高尚行为和伟大的人格力量来感化学生。孔子终生"学而不厌"，对学生"诲人不倦"。孔子以自己的谦恭、博学、上进的形象和忧国忧民的精神感化学生。

最后，在榜样作用的基础上，孔子在不同场合的言行举动都会对学生和后人产生深远影响，为我国的礼仪之邦做出不朽贡献。在生命教育中，身教示范不仅能激发生命间的相互共鸣，而且可达到生命体验应有的显著教学效果，体现出孔子高超的教育艺术。

（二）自我教育

自我教育就是主体先把外在的道德规范或道德目标内化为自己的道德修养，再外化为自觉的道德行为。孔子强调自我教育，要求教育主体能够修养成为道德高尚的"君子"，成为维护和巩固封建宗法社会秩序、治国平天下的"君子儒"。

首先，孔子认为自我教育可达到泰而不骄、谦让不正、讷言敏行、重义轻利等目的。

其次，孔子认为自我教育既可提升人的道德素养，又能营造社会道德风尚。一方面，在他看来，自我教育体现为追求道德修养的能动活动。所以，只要自己"不怨天，不尤人"显得尤为重要；另一方面，孔子处于社会大动乱的"礼坏乐崩"时代，人人见利而为，道德失落，世风日下，孔子深感忧虑。

孔子主张整个社会都要为提倡良好的道德风尚而重视自我教育，只要人们自觉修身，就可以提高整个社会的道德素养，从而营造良好的社会道德风尚。

最后，《论语》中孔子自我教育的方法主要有学习、自省、自讼、克己等。对于前人积累的道德知识和经验，孔子坚持活到老、学到老。"自省"就是生命主体经常省察自我言行，扬利弃弊，提高道德品质。他提倡"见贤思齐焉，见不贤而内自省也"。"自讼"就是生命主体与自我不良思想和行为做斗争，以符合仁、义、礼、智、信、廉、明、悌、惠、敏、温、良、恭、俭、让、刚、毅、木、讷等标准。"克己"就是胜己、约己之意，是以一定的道德规范和标准来克制和约束自己。孔子重视引导学生"克己复礼"，"克己复礼为仁"主张"约之以礼"。

（三）启发诱导

作为伟大的教育家，孔子在教学过程中能娴熟地运用启发式教学方法，并完全可以为生命教育所采纳。生命个体对自己成长中所遇到的疑惑进行思考，处于茫然状态时，教师才进行开启思路式的方法指导并留有悬念，致使学生达到似是而非、难以表达的矛盾状态时，再帮助他厘清问题的本质属性，起到画龙点睛的作用。启发是为了唤醒生命活力，如果启而不发，说明生命意识没有被激活，缺乏生命自觉。"启发"是"举一反三"的前提，是教学艺术和魅力的体现；"举一反三"是"启发"的实践结果，是一种旨在发挥生命创造性的教学。譬如，孔子曾从与弟子子夏的谈话中受到启发，明白了礼乐和仁义的关系。可以说，没有启发，就不会举一反三，也就没有创造，没有生命的创造，就谈不上超越，没有超越，生命价值就会贬值。生命在创造中增值，在模仿中打折，发挥生命的创造潜力就成为生命教育的目标之一。

所以说启发诱导是生命教育的重要方法之一，同时也是实现教育目标、体现生命价值的必经途径和必然选择。

（四）教学相长

教学相长使师生互动、促进、激励，在生命教育中表现为生命之间的感情交流、心灵激荡、精神洗礼。入情入境的忘我共鸣会增强生命自由，展示生命特征，共同追求生命的真善美圣。孔子对弟子非常平易近人、平等民主，鼓励他们"当仁，不让于师"。

孔子与学生相处十分随意，气氛轻松和谐。学生可与老师大胆交流，畅所欲言，是生命间相互共鸣的典范。

第三节　对儒家传统文化中《论语》生命教育思想的扬弃

一、《论语》生命教育思想的时代价值

《论语》蕴含着丰富的生命教育内容、鲜明的生命教育特点、有效的生命教育方法、切实的生命教育目标，具有很强的时代价值和借鉴意义。

（一）以人为本是生命教育之根基

作为科学发展观之核心的"以人为本"是哲学价值论概念，它旨在回答世界上什么是最重要、最根本、最值得人们关注的问题；它不是神学本体论概念，不回答人、神、物之间谁是本原的问题。以人为本是以唯物史观和马克思主义的人学理论为基础的，其价值取向是实现最广大人民群众的利益和发展。人是以个体的生命形式存在于历史之中的，正如马克思所说："任何人类历史的第一个前提，无疑是有生命的个人的存在。"没有人的存在，一切都无从谈起，生命教育也不例外。孔子提出的"仁"是一种人本哲学，是人与人之间关系的总和，是研究人之所以为人、如何为人、人与人之间关系的协调和处理可能出现的各种问题

以及人类延续等等总的梳理概括。他倡导由仁爱、忠恕、先富后教等观念构成的人本主义，说明他肯定现实的精神，这种精神经过发展变化，使人们的注意力从崇拜帝、天逐渐转移到人类自身上来，从而认识到人自身的力量和责任，有利于人生命的发展。

孔子坚持以人为本，而非以物为本，也非以神为本。他认为人是世间一切事物中最宝贵的，他重视人的价值，并赋予人实践主体地位。孔子那崇尚生命鄙视物质利益的哲学反思，至今仍闪烁着不灭的光辉。当然，由于年代久远，社会文化内容已大大增进，所以人本主义元素，如个人自由、生存权利、人的尊严等也得与时俱进。

孔子所说的"人能弘道，非道弘人"，开创了中国传统道德思想中以人为本之先河。它强调在天、地、人之间要以人为中心，肯定并高扬人的主观能动性，对开发人的自主精神意义重大。人在发现并弘扬"道"的实践活动中应该积极作为，不可消极怠命，所谓自力更生、自强不息的传统人文精神是其中应有之义。"弘道"是人己互惠共赢的事情，条件是修养自身、完善自我；反之，"以道弘人"就是哗众取宠、投机钻营之流所为。"人能弘道，非道弘人"并非以"道"为目的，而以"人"为目的，这和生命教育以人的发展和完善为旨归不谋而合。

现实的世界无论多么混乱无奈，在孔子心目中总是真实而充满活力的。不管"天""命""时""势"是怎样的不可抗拒，孔子都坚信人应当修道立德，有所作为，不怨天，不尤人并且身体力行，积极入世，力图发挥人的主观能动性，即张载所说的"为天地立心，为生民立命，为往圣继绝学，为万世开太平"的道德责任。

孔子从伦理道德角度褒扬人的主体性，肯定道德能动性和生命价值，始终以仁为价值追求，体现了对人存在的终极关怀。

孔子以价值为中心的生命观，以重视生命为前提基础，以把握生命特征为必要条件，而重视生命并把握生命特征和以人为本是互相印证的，所以说生命教育无法回避以人为本的理念。

（二）德育为首是生命教育之必需

"德"的本意是指人的言行应顺应天道、顺应自然，是天道最和谐的外化，人依"德"进行社会实践就是顺乎天道，时时处处表现出不偏不倚又融合权变的中庸精神。

人的生命是道德的载体，生命教育是德育的基点，没有生命教育，德育就会落空；没有德育，生命教育就会迷失方向。印度诗人泰戈尔说："教育的目的是应当向人类传送生命气息。"孔子重视道德教育，在"子以四教，文"中也含有德育内容。

从德才关系来看，中国传统社会备受推崇的"德才"是指由德而才，显然更重视一个人道德品质的高尚，是经邦济世、治国安民之才。正所谓孔子所言"为政以德"，说明政治人才的能力被寄托在道德品质的修养上。孔子认为一个人要追求人生理想，就必须"据于德"，确实把握德行修养这个原则。众所周知的德才关系中，如果说德才兼备是精品，那么有德无才是次品，无德无才是废品，有才无德则是危险品，由此可见德育之必需。我国先贤在探讨人生价值时所提出的"三不朽"之一的"立德"，也见证了人无德不立的价值取向。

如果说经济异常落后的孔子年代倡导"孔颜乐处"还有一定市场的话，在如今传统文化人格自律断层和物欲横流、现代理性缺失之际，生命教育举步维艰就不足为奇了。因为物欲往往使人远离道德，同时也是阻碍道德提高的最主要原因，所以，在市场经济环境下，生命教育必须教人处理好义利矛盾，在坚持"见利思义""见得思义""义以为上""义然后取""以义制利""以义导利"等原则的基础上，考量一个人的道德水准。格言"富以能施为德，贫以无求为德"和"贫贱非辱，贫贱而谄求于人者为辱。富贵非荣，富贵而利济于世者为荣"道出了贫富贵贱与荣辱道德之关系。孔子在这方面堪称表率，孔子开创的以"仁"为核心的生命道德规范，重视道德养成和德行践履，结合他的身教示范和自我教育来看，是一切教育所必须借鉴的，其中生命教育也不例外。

（三）点化生命是生命教育之关键

在教育这种实践活动中，"点化"就是教师在学生的思维受阻而缺少生命灵动时，给予人深入浅出的引导、点拨或启示，拓展思维的域限，从而达到生命间的共鸣，涌动生命活力，开启生命智慧。科学巨匠爱因斯坦曾说过，教育就是当你学过的知识，在过了很多年淡忘之后所剩下的那个东西。显然，获取知识只是生命教育的手段，开启智慧才是其目的。

因为知识是"死"的，而智慧是"活"的。真正的教育本应暗含"生命教育"，"生命"二字只不过是人们为了反思和批判传统的"无人"教育而加以强调的。知识是教育的"副产品"，它如果不内化为生命智慧就毫无意义和价值，智慧的生成绝对离不开生命，所以说点化生命是教育之关键。

二、《论语》生命教育思想的历史局限

传统文化的精华不可否认，糟粕肯定也是在所难免的，否则，发展、进步、创新就是"海市蜃楼"。人是自然界的主体，其本质是"一切社会关系的总和"。或者说，"人的本质是在一定社会关系中从事实践活动"，人类社会的发展演变无不交织着人与自身（灵与肉）、人与他人、人与社会、人与自然的关系。

《论语》是经典中的经典，言简意赅，字字珠玑，有"半部《论语》治天下"之美誉。所以，笔者试图从这几重关系中，结合孔子所处的时代背景、他的阶级立场和服务对象或目的等因素，简要分析《论语》生命教育思想的局限性。

（一）重自律轻他律

孔子身处春秋诸国争霸和战乱多发的"礼坏乐崩"之时，为了济世安民，博学多才的孔子创立的儒家思想并不适合于当时统治者的需求，所以并未受到重视，从他周游列国十四年，"每每若丧家之犬"的艰辛与执着就可见一斑。从《论语》看孔子开创出一种"成德之教"，即成

从人的道德情操的教化，重在人自我心灵的安顿。道德价值的根据在于人自身还是自身之外就涉及德国古典哲学家康德的"自律"与"他律"这两个用语。所谓自律，使之人作为道德主体自主地为自己的意志立法，是人完善自我和实现自由的手段和方式。他律是指实施主体行为者的意志受制于主体理性以外的各种因素，如制度、天意、环境等。马克思主义认为，道德价值的根据是自律与他律的统一。

一个人的进步或堕落，虽然离不开特定作用的外部条件这个基础，但他的内在动力的推动是关键。人只要在思想上真正做到自讼、自省、自警、自励，在行动上自觉做到慎独、慎权、慎微、慎欲，"勿以善小而不为，勿以恶小而为之"，那么他就能把握好人与自我的关系，为正确对待人与他人、人与社会、人与自然的关系奠定良好基础。但是，代表奴隶主贵族利益又有一定激进思想的孔子，过于强调自我应该如何，而对现实情况过高估计。反映在他的自我教育思想当中，他认为自我教育旨在使人修养成为道德高尚、维护和巩固封建宗法社会的"君子"。孔子过分重视德行教化而轻视法制的意识，以及看重人心向善而忽视人性中的未特定性特征，这在一定程度上夸大了自律，看轻了他律。人与自我的关系必须伴随积极向上的动力，即在经验基础上的价值源泉。孔子重自律的人与自身关系的缺陷在于它未能建立起绝对的道德本质和经济价值的绝对尺度。他的人与自身关系的思想是他所处时代的产物，与现代社会相比，人虽未异化为金钱的奴隶，"精神家园"没有失落，但以生命教育角度看，重自律而轻他律倾向用精神枷锁抑制生命的生成，越来越被证明是流于形式的。

（二）重等级轻平等

尽管孔子憎恨当时"礼坏乐崩"的社会现实，但《论语》中关于人与他人之间关系的论述证实了他忠于封建等级秩序是不争的事实，他看重的"礼"就是明证。对于君与臣之间的关系，孔子主要偏向臣这一边说，主张臣应该如何如何。孔子回答齐景公"问政"时说的"君君、臣臣、父父、子子"虽然有颇多争议，但结合孔子眼中的君臣关系，不难推测出他重视人与人之间的从属关系而轻并列关系的倾向。

（三）重顺从轻独立

马克思主义认为，人是自然属性和社会属性的统一，人与社会相互依存。人是社会的人，只有在特定社会中才能存在和发展，社会是人的社会，只有人才能推动社会进步。社会是人生存和发展的基础，人是社会存在和进步的动力。《论语》中反映的人与社会的关系不仅不利于社会的和谐发展，而且阻滞个人的健康成长，与生命教育"捍卫生命的尊严，激发生命的潜能，提升生命的品质，实现生命的价值"之宗旨和"关注生命，尊重生命，珍爱生命，欣赏生命，成全生命，敬畏生命"的目标相违背。宏观上，人与社会的关系主要表现为君臣关系和臣民关系，家庭的伦理准则延伸到君臣关系和臣民关系上，个人只有孝于家、忠于国，社会才能和谐和安宁。在这种等级结构化状态下的人与社会关系中，个人只有无条件服从的分儿，几乎没有独立性或个性可言，而生命教育中要求生命之间情感互动、心灵共鸣，创造生命成长所需的合宜条件，受这种人与社会关系的思维模式所影响，过分强调个体生命的顺从必然影响其独立性作用的发挥，即在创造生命成长的条件方面有一定局限性，而生命的独立性和健康自由成长是其创造价值的必要条件。所以，重顺从轻独立的人与社会关系最终使生命价值不可避免地受到压抑。这与孔子旨在服从和服务于封建等级秩序的意图密不可分。

（四）重审美而轻利用

人与自然的关系在《论语》中直接涉及的不多。"天人合一"是孔子对于人与自然关系的最基本信念。孔子认为"天"是他的"德"之源泉。人作为大自然的生命体之一，不能随意征服自然、统治自然、支配自然，必须学会尊重自然、爱惜自然。孔子通过"大哉，尧之为君也，巍巍乎，唯天为大，唯尧则之"肯定天是政权的合法基础，教育人们应像尧一样效法天，人与自然具有统一性。在如何处理人与自然的关系上，孔子主张将人的仁爱的本心、本性推及宇宙万物，但"克己复礼为仁。一日克己复礼，天下归仁焉"难免是"乌托邦"式的幻想。以上所述人与自然的关系中，保护自然的理念和举措不无道理，但势必走向另一个极端，那就是该如何利用自然的问题。结合孔子践行的保护大自然生物取之有道而"钓而不纲，弋不射宿"的做法，以及为了节约粮食、土地和建筑材料而追求"君子食无求饱、居无求安"的想法，我们可知，孔子对待自然坚持保护原则，自然就轻视了对自然的认知和利用。孔子用山、水类比"智""仁"，把自然资源与人的精神境界联系起来。如此重视审美而轻视利用的人与自然关系理念对生命主体的成长有所限制，既缩小了以社会实践为主旋律的生命存在方式的发展空间，同时又对探索生命意义、提高生命价值、提升生命境界有一定阻力，最终与人作为大自然主体所拥有的潜在的无限可能性是相悖的。结合当时落后的科技和社会发展状况，"迅雷风烈必变"的哲人孔子以上对待人与自然关系的观点就在所难免了，毕竟孔子是人不是神，其思想受制于时代限制，不必苛求。

第四章　中国节日习俗文化

　　节日的起源和发展是一个逐渐形成，潜移默化，慢慢融入社会生活的过程。它是人类社会发展到一定阶段的产物。我国古代的这些节日，大多和天文、历法、数学，以及后来划分出的节气有关，这从文献上至少可以追溯到《夏小正》《尚书》。到战国时期，一年中划分的二十四个节气，已基本齐备。中国的传统节日体系萌芽于先秦时期，为后世创设节日民俗积累了大量的文化素材。汉魏晋南北朝时期，新的社会经济条件、稳定的历法，文化的浸润，使这一时期节日习俗欣欣向荣。传统节日定型于隋唐两宋时期，据宋代陈元靓《岁时广记》记载，当时的节日计有元旦、立春、人日、正月晦、中和节、二社日、寒食、清明、上巳、佛日、端午、三伏节、立秋、七夕、中元、中秋、重九、小春、下元、冬至、腊日、交年节、岁除，基本上囊括了传统社会全部的重要节日，元明清时期对这一体系没有大的突破。

第一节　传统节庆的类型与特征

一、节庆文化的构成要素

中华传统节庆文化有许多重要的组成部分，它们交互作用、彼此依托，保证了节庆文化的持久存在和不断发展。这些重要的组成部分，我们称为节庆文化的要素，其中主要应包括节庆的日期、用具、用语、饮食等方面的内容。节庆日期的选择与设定，一般依据天候、物候和气候的周期性转换而约定俗成，最早被择定为节日的是被确认的节气之交接日，即立春、立夏、立秋、立冬和春分、夏至、秋分、冬至八个节日，"八节"标志着阴阳四时的时令变化，故后世有"四时八节"之称。

节庆用具众多、别具一格，如驱邪祛病的庆典用具。大致说来，属于此类的庆典用具，有年节的门神、桃符以及鞭炮、锣鼓，人日节的华胜，清明节的柳条，端午节的艾蒿、菖蒲、"老虎头""避瘟丹"，以及重阳节的茱萸等。春节庆典用具中用以烘托喜庆娱乐气氛的用具最多，也最为集中，如年节中五颜六色的新衣、五彩缤纷的插花，以及大红的对联、色彩斑斓的年画，还有燃放的各种烟花爆竹，敲打摆弄的锣鼓、旱船等。其他节日中，如元宵节令人眼花缭乱的灯笼、灯谜，清明节纷飞飘逸的风筝，端午节的龙舟，七夕节的荷叶灯、"水上浮"，中秋节的皓月和形态各异的"兔儿爷"，重阳节清香四溢的菊花，以及"九九消寒图"等，还有一些少数民族节庆中的火把、哈达等，都是节庆活动中人们表达内心喜悦、欢乐之情的特定用具。

中华传统节庆中的庆典用语亦是别具一格，依据节庆用语的基本性质和用途，可将其分为祝福用语、祷告用语和提示用语三个大类。从节庆生活的现实来看，祝福用语是四时节庆中使用最多、最频繁的节庆用语。提示用语在传统节庆用语中，同样占有很大比重，它主要用于提醒终日劳作的人们时刻注意节气的变化，保证节庆活动内容的准确无误。

节庆饮食不仅保证了人们从事节庆活动的物质动力，而且还起到了渲染和活跃节庆气氛、增添节庆魅力的功效。从种类上分，节庆饮食包括节庆饮料与食物两大类，节庆饮料主要有酒和水两个大类，酒的种类甚多，而水则主要是指茶水。酒在我国出现甚早，到了商代，酒已十分普及。酒与传统节庆结缘，也已十分久远。酒类之外，茶水是传统节庆民俗活动中不可或缺的重要饮料之一。传统节庆的食品比起饮料而言，品类更加繁多，同时具有浓郁的季节性特点，这里按照米面类、鱼肉类、果蔬类三种类别加以简要说明。首先是米面类，这类传统节庆食品甚多，其中主要有馒头、面条（又名汤饼）、饺子、年糕、汤圆、元宵、粽子、巧果、月饼、菊糕、馄饨、腊八粥等。其次是鱼肉类，其典型的制成品如涮羊肉、肉冻、血肠、五彩蛋、烤鸭、板鸭、醉蟹、腌制腊肉、野鸡爪、鹿兔脯、猪头宴、蒸羊汤等。最后，还有果蔬类，节日中人们将瓜果蔬菜视为必备用品，同时还进行巧妙的组合，命以喜庆欢快的名字，以增添节庆的气氛。

二、传统节庆类型与特质

根据传统节庆的性质和目的，我们将其大体分为生产类节庆、宗教祭祀类节庆、驱邪祛病类节庆、纪念类节庆、喜庆类节庆和社交娱乐类节庆等六个大类。

（一）生产类节庆

产生于农业社会背景下的中华传统民俗，自然也对反映生产活动的节庆内容青睐有加，一年中最早出现的农事生产类节庆活动，是立春节的"鞭打春牛"和张贴"春牛图"。立春原本是"二十四节气"中的一个节气，后演变成为一个重要的节日。早在先秦时期，就已有立春"出土牛"之俗流行。从宋代起已有刻版印刷的牧童赶牛的"春牛图"，供人们张贴。立春节为农事生产服务的意图是十分明显的。此外，如添仓节的"打囤添仓"、春龙节的"引龙兴雨"、分龙节的"分龙彩雨"以及七夕节的"赛巧会"等节庆活动，也都是围绕着男耕女织、风调雨顺和丰收等农事生产展开的。

（二）宗教祭祀类节庆

宗教与传统节庆文化之间，有着千丝万缕的联系，在中国各民族民俗节日中，以宗教祭祀为主要内容的节日最多。以春节、清明节和中元节的宗教祭祀类节庆民俗活动的规模最大，同时也最为集中。古代皇帝也都在春节举行祭天大典，这是宗教文化开端的象征。而清明节作为我国传统节日，也是最重要的祭祀节日，是祭祖和扫墓的日子。

（三）祈求安康类节庆

祈求安康是传统节庆的重要内容之一。这在众多的传统节日民俗中，也得到了有效体现，并形成了一系列的节庆民俗内容。如清明戴柳，端午节插艾、戴五彩线、喝雄黄酒，重阳节插茱萸、饮菊花酒，还有各节庆洒扫庭除等，这些民俗活动，或以心理暗示为旨归，或以药物预防为要义，或以健身强体为目的，或以讲究卫生为关键，以求达到祈求安康的寓意。

（四）纪念类节庆

传统节庆民俗中，有许多是为了纪念某个历史人物或英雄人物以及历史事件而设，还有一些，虽然并非因纪念人物或事件而设，但在后来的演变过程中，也有了纪念类节庆的性质。总体来说，这些民俗活动都属于纪念类节庆的范围，如寒食节的禁火与寒食，端午节龙舟竞渡、食粽子，中秋节食月饼，腊八节食腊八粥。

（五）喜庆类节庆

喜庆类节庆以庆贺丰收，欢庆人畜两旺、吉祥幸福为主题，"往往形成喜庆的连续性或系列化"。以春节为例，其中除了前述宗教祭祀类祭神、祭祖等节庆民俗外，喜庆类民俗是主要内容，人们常说"日子天天赛过年""像过年一样热闹"等语，正反映了春节留在人们记忆中的尽是欢乐和喜庆。春节张贴春联和年画、燃放鞭炮和烟花、张灯结彩、敲锣打鼓、杀猪宰羊、吃"合家欢"宴、守岁拜年以及扭秧歌、跑旱船、踩高跷、逛庙会等，至今仍然是人们喜闻乐见、人人参与的喜庆民俗。

（六）社交娱乐类节庆

社交娱乐类节庆民俗，大都具有联欢游乐的性质，其主要内容是歌舞娱乐及游艺竞技活动，这类节庆中的娱乐民俗，与前述春节中的文娱活动，虽然有形式上的叠合而无法加以严格区分，但年节文娱活动以喜庆丰收、迎接新岁为宗旨，这里所说的社交娱乐类民俗则是以加强人与人以及人与社会的社交和友好往来为目的。在社交娱乐类节庆中，最有代表性的是在中国少数民族中流行的一些节日歌会、歌舞等民俗活动。

第二节　传统节庆文化的意蕴

中国的传统节日是中华民族悠久历史文化的一个组成部分，形式多样，内容丰富，传统节日的形成过程，也是一个民族或国家的历史文化长期积淀凝聚的过程。

一、传统节庆的文化内涵

最早的传统节庆活动和原始崇拜、迷信禁忌有关，神话传奇故事为节日平添了几分浪漫色彩，还有宗教对节日的冲击与影响，一些历史人物被赋予永恒的纪念渗入节日，所有这些，都融合凝聚节日的内容里，使中国的节日有了厚重的历史感和丰富的文化意蕴。

（一）传统节庆体现古代农耕文化

我国自古以来就是一个农业大国，以农业为主的经济形态必然会产生与之相适应的文化。中国传统节日根源于中国古代农耕文化。史籍记载，春节在唐虞时叫"载"，夏代叫"岁"，周代才"年"。"载""岁""年"都是指谷物生长周期，谷子一年一熟，所以春节一年一次，含有庆丰收的寓意。关于春节的另一种说法是：春节起源于原始社会末期的"腊祭"，当时每逢腊尽春来，先民便杀猪宰羊，祭祀神鬼与祖先，祈求新的一年风调雨顺，免去灾祸。清明节本是二十四节气之一，这时，我国大部分地区气候温暖，草木繁茂，开始忙于春耕春种。关于中秋节的起源，有一种说法是秋报的遗俗，因为阴历八月十五这一天恰好是稻子成熟的时刻，人们便在这个季节饮酒舞蹈，喜气洋洋地庆祝丰收。从传统节日起源看，大多出于农耕目的，虽然在流传过程中，有些节日淡化了农耕印象，但传统节日体现或根植于古代农耕文化这一点是确定的。

（二）传统节庆体现了图腾文化

对大自然的崇拜是先民最原始的崇拜形式之一，这里的大自然主要指太阳、月亮、大地及其他自然物。在中秋时节，古代贵族和文人学士对着天上一轮皓月，观赏祭拜，寄托情怀，无论是祭月还是赏月都体现了对月亮的崇拜。春节祭祖、清明扫墓是对祖先的崇拜。图腾崇拜是较为高级的宗教形式，原始先民都相信自己的氏族与某种动物、植物或无生物之间存在一种特殊的亲密关系，并以之作为氏族崇拜的对象。

（三）传统节庆体现古代宗法文化

中国长期处在宗法制社会形态下，人们重血亲人伦，讲究礼教德治、长幼尊卑、贵贱有别，宗法制社会形态下的一系列伦理要求在传统节日中找到了很好的依托，春节祭祖、清明扫墓，都体现出一种"人道亲亲"。无论是祭祖、扫墓，还是拜月、登高，都有严格的仪式，通过一系列固定仪式，实现了"尊尊"——长幼尊卑、贵贱有别，并且这种等级差别也与血亲人伦有关。通过传统节日中的血亲人伦纽带，"尊尊"与"亲亲"联系在一起，整个社会实现了从"家天下"到"国天下"的过渡，形成了家国同构格局。

二、传统节庆的文化精神

文化精神就是传统文化中具有积极意义的、体现在民族蓬勃向上精神的思想和观念。中国传统节日体现出精忠爱国、刚健有为、自强不息、天人合一、贵和尚美等文化精神，正是因为有着这些文化精神的存在，使得中国传统节日及节日中的一些习俗经过几千年的历程仍被保存、遵守着，体现出强大的文化生命力。

（一）精忠爱国

精忠爱国思想在清明与端午两大节日中体现得最为明显，并且这种传统文化精神在历史进程中已经自发上升为一种民族精神，在社会发展中起着非常重要的作用。清明扫墓的习俗来自寒食节，而寒食节相传与春秋时期介子推有关，介子推"割股"给处于困境中的公子重耳充饥，这里体现了"忠"与"义"两种文化精神，当公子重耳成为晋文公，欲封赏介子推时，介子推背着老母进了深山，这里体现了"孝"。在几千年的社会进程中，寒食节与清明节合二为一，"忠""义"的文化精神也成为中国传统观念中士大夫精神的渊源，孕育和造就了中国历史上无数仁人志士、英雄豪杰。而以血亲为纽带将人民紧紧联系在一起的"孝"，从小处说，使一个家族具有凝聚力；从大处说，使一个民族、国家更具有凝聚力。

（二）贵和尚美

"和"即和谐、统一，"美"即美好、团圆，贵和尚美作为中国文化的基本精神之一，在传统节日中常有流露。春节虽然是指阴历一年的第一天，但人们习惯上的过年活动在头一年进入腊月就已开始，一直到元宵节才结束。在腊月里，人们要扫尘、祭灶神；除夕要全家团圆，大家围坐在一起和面包饺子，和面的"和"与"合"谐音，饺子的"饺"与"交"谐音，"合"与"交"是团圆、相聚之意；至元宵节全家又要围在一起吃汤圆，这些都表达了人们希望生活团团圆圆、和谐美好的愿望。七夕乞巧，表达出人们希望婚姻美满的愿望。至于中秋吃月饼，更有生活团圆、婚姻美满之意。九九重阳，则有珍爱生命，健康长寿之意。此外，清明折柳，端午采艾叶、菖蒲，重阳遍插茱萸，这种驱恶避邪的习俗也显露出贵和尚美的思想。

（三）天人合一

中华传统节庆文化在倡导和谐方面，可谓无处不在，从节日的日期选择，到节日娱乐与饮食的活动安排，方方面面、时时处处都体现着人与自然和谐共处的基本精神。

关于"天人合一"的思想，最基本的涵义是充分肯定"自然界和精神的统一"，关注人类行为与自然界的协调，春节迎新、清明踏青、端午赛船、中秋赏月、重阳登高都是天人合一思想的体现。传统节日中的一些习俗在社会发展中淡化或消失了，唯独亲近自然的行为得以延续，也从一个侧面反映了天人合一的思想具有强大的文化生命力。当然，也必须指出，由于自先秦以来直至近代以前的漫长历史时期内，中国长期处于农业社会之中，农业生产成为国之大事，因此，在这个前提与背景下生成的传统节庆，必然就表现出与农业生产忙闲有致的模式相一致的特点，从流传至今的传统节庆日的时间安排来看，基本上是冬天农闲时安排的节日数目和节庆活动内容相对为多，而农忙的夏至时节，则相对为少。从这个意义上说，传统节庆的这种自觉调整，实则也是一种与自然的协调和谐，同样能够表现出其一贯的和谐精神。

（四）淑世情怀

从先秦以来，中华民族就一直贯穿着一个关切人文、人道的优良传统，"天道远，人道迩""观乎人文，以化成天下"，便是其崇高的理想和追求，因此，"修身齐家治国平天下"的淑世情怀，更是弥漫到五千年历史文化的各个角落。在中华传统节庆文化之中，淑世情怀同样是一个十分引人注目的精神基调，在一代又一代中国人中传承赓续、历久不绝。我们说中华民族素有关切人文的传统，并非是说他们都是无神论者，事实上，人们采取的乃是"敬鬼神而远之"的理智态度，这种理智态度，自然也就渗透到了传统节庆之中。已知大多数古代节日先源于古代祭礼，时至今日，传统节庆中的祭礼内容和成分，犹有不少流风余韵，尽管"祭如在，祭神如神在"，但祭祀时的出发点和落脚点却都是关乎人间的。至于传统节庆中围绕着老人、孩子、女性、恋人等而设的节日，更是将福禄寿禧和太平团圆、多才多艺的淑世情怀，全面而彻底地展示出来，如年节祝福老人健康长寿，人日节祈祷孩子平安，女儿节期盼女儿手巧如织女、愿天下有情人终成眷属等，即是其具体表现，流传至今的新年对联，亦以昭示世间的文字形式，表达了这种深沉的淑世情怀。

三、传统节庆的文化功能

节庆在人民生活中有着重要的地位，因此，节庆文化则显得尤为突出。节庆的文化功能主要表现在以下三个方面。

（一）传统节庆是人们日常生活的一种精神补偿

节日的文化功能，就在于通过集体的活动和人人参与，建立起一套公共的精神信仰和价值观念，以达到对内的社会认同与整合及对外的文化中介和民族同化。过节的时候人们可以摆脱劳作，超越心理的混乱，平稳而又自信地掌握自己的命运。正是节日在年复一年地强化着人类美好的理想，激励人奋进，释放被压抑的生命冲动，它弘扬一切正义与爱的品质。过节的真正意义，并不是为了物质增值，而是为了精神的愉悦与文明的延续，为了建立一个和谐美好的社会环境。传统节日价值就在于彰显了民族的情感，彰显了人生的意义，滋养了民族的精神，是中华优秀传统道德教育的重要载体，所以尽管各个节日内涵不同，纪念庆祝的形式不同，但是对传统节日的传承是我们对民族之根的认同，这是中华民族巨大的精神财富。

（二）传统节庆体现出强大的文化凝聚力与民族凝聚力

春节回家、清明扫墓、端午节纪念屈原的传统习俗流露出敬祖意识、亲情情结、精忠爱国等思想，这些观念最容易唤起人们对亲人、家庭、故乡、祖国的情感，唤起人们对民族传统文化的记忆，对民族精神的认同，唤起人们同宗同源的民族情及对文化同根性的认同。文化凝聚力与民族凝聚力有利于增强民族团结、维系国家统一，有利于加深世界各地中华儿女的亲情，也有利于激励一个民族、国家不断前进、发展、强大。

（三）传统节庆体现出浓厚的感恩情怀

传统节庆中不仅有围绕纪念个人先祖而展开的祭祀活动，更有对民族历史上的"英雄及地方历史上受崇拜人物"的纪念活动。"尽管节日仪礼中也采取了相当多的祭祀祈祷手段，但都属于纪念人物。"寒食节传说是纪念介之推这位居功不取的历史人物，而端午节则是在"发展中扩大了它追悼屈原的内容，使端午节增强了纪念性"。壮族的传统节日三月三，据说是为了纪念壮族歌仙刘三姐，由此形成流传后世的三月赛歌盛会。除了围绕纪念人物而展开之外，还有的节日是为纪念历史事件而设。如元宵灯节，一说是为了纪念西汉政府最终戡平诸吕之乱而设；中秋节食月饼，据说是与元末民众反抗蒙古贵族腐朽统治活动密切相关。因事件而设的节日，最典型的便是锡伯族的怀亲节，此节乃是为纪念该族由沈阳成功西迁至新疆察布查尔的历史事件而设。而不论是因人物设节还是为事件设节，都真切地反映出中华民族尊重历史、崇拜英雄的传统，是其浓重历史意识的直接表露。

第三节 传统节日风俗

目前我国各族的传统节日丰富多彩，特色各异，在此重点介绍以下几种节日。

一、春节

春节是阴历正月初一，俗称"过年"。关于春节传说的来历，有许多种说法，"熬年守岁"这个说法是最为普遍的。守岁，就是在旧年的最后一天熬夜迎接新一年到来的习俗，也叫除夕守岁，俗名"熬年"。传说太古时期有一种凶猛的怪兽，散居在深山密林中，人们管它们叫"年"。它的形貌狰狞，生性凶残，专食飞禽走兽、鳞介虫豸，一天换一种口味，人人谈"年"色变。后来，人们慢慢掌握了"年"的活动规律，它是每隔三百六十五天到人群聚居的地方尝一次鲜，而且出没的时间都是在天黑以后，等到鸡鸣破晓，它们便返回山林中去了。算准了"年"肆虐的日期，百姓们便把这可怕的一夜视为关口来煞，称作"年关"，并且想出了一整套过年关的办法：每到这一天晚上，每家每户都提前做好晚饭，熄火净灶，再把鸡圈牛栏全部拴牢，把宅院的前后门都封住，躲在屋里吃"年夜饭"，这顿晚餐置办得很丰盛，除了要全家老小围在一起用餐表示和睦团圆外，还需在吃饭前先祭祖先，吃过晚饭后，谁都不敢睡觉，挤坐在一起闲聊壮胆，形成了除夕熬年守岁的习惯。

在春节期间还有以下习俗。

（一）送灶神与扫尘

民间腊月二十三日为祭灶日，俗称"过小年"。传说这天送灶神上天言事，因此又称"送灶""辞灶"。百姓希望灶神能够"上天言好事，下界保平安"，因此祭品也很有特色，供品有猪头、鱼、豆沙、瓜、果、水饺、麦芽糖和关东糖等，其中以甜食为主，以便封住灶神的嘴。随着社会的不断发展，这一习俗已逐渐淡化，人们也只是在小年这一天燃放鞭炮。

（二）贴春联

春联也叫门对、春贴、对联、对子、桃符等，它以工整、对偶、简洁、精巧的文字表达美好愿望。春联的"春"字表达了民间百姓对新年寄予的希望，春天意味着万物复苏，农业生产的新开始，体现了在中国传统农耕文化中春天的重要性。贴春联这一习俗起于宋代，王安石的《元日》就有"千门万户曈曈日，总把新桃换旧符"的诗句，一直流传至今。春联的种类比较多，依其使用场所，可分为门心、框对、横披、春条等。"门心"贴于门板上端中心部位；"框对"贴于左右两个门框上；"横披"贴于门楣的横木上；"春条"根据不同的内容，贴于相应的地方。每逢春节来临之际，家家户户都会贴春联，期盼来年的好运。

（三）贴窗花和倒贴"福"字

新春佳节时，许多地区的人们喜欢在窗户上贴上各种剪纸——窗花。剪纸在我国是一种很普及的民间艺术，千百年来深受人们的喜爱，因它大多是贴在窗户上的，所以也被称为"窗花"。窗花的内容多种多样，有广为流传的民间故事，也有各类人物和动物的图案，象征吉祥幸福。在贴春联的同时，一些人家要在屋门上、墙壁上、门楣上贴上大大小小的"福"字。春节贴"福"字，是我国民间由来已久的风俗。"福"字寄托了人们对幸福生活的向往，对美好未来的祝愿。为了更充分地体现这种向往和祝愿，有人干脆将"福"字倒过来贴，表示福气已到。民间还有将"福"字精描细做成各种图案的，有寿桃、寿星、鲤鱼跳龙门、五谷丰登、龙凤呈祥等图案，增添喜庆气氛。

（四）贴年画

年画是我国的一种古老的民间艺术，起源于"门神"。在民间，门神和灶神的信仰有悠久的历史。门神分为三类，即文门神、武门神、祈福门神。文门神即画一些身着朝服的文官，如天官、仙童等；武门神即武官形象，如秦琼、尉迟恭等；祈福门神即为福、禄、寿三星。随着雕版印刷术的兴起，年画的内容已不仅限于门神之类单调的主题，开始变得丰富多彩起来。在一些年画作坊中产生了《福禄寿三星图》《天官赐福》《五谷丰登》《六畜兴旺》《迎春接福》等精美的彩色年画，以满足人们喜庆祈年的美好愿望。民间流传最广的是一幅《老鼠娶亲》的年画，描绘了老鼠依照人间的风俗迎娶新娘的有趣场面。民国初年，上海郑曼陀将月历和年画二者结合起来，这是年画的一种新形式，这种合二而一的年画，以后发展成挂历，对现今产生了深远的影响。

二、元宵节

每年阴历正月十五日，春节刚过，迎来的就是元宵节，古人称夜为"宵"，所以称正月十五为元宵节。正月十五日是一年中第一个月圆之夜，也是一元复始，大地回春的夜晚，人们对此加以庆祝，也是庆贺新春的延续。元宵节又称为"上元节"，按中国民间的传统，在这天人们要出门赏月、燃灯放焰、喜猜灯谜、共吃元宵，阖家团聚、同庆佳节，点起彩灯万盏，以示庆贺。元宵燃灯的风俗起自汉朝，到了唐代，赏灯活动兴盛。宋代的赏灯活动更加热闹，赏灯活动要进行 5 天，灯的样式也更丰富。"猜灯谜"又叫"打灯谜"，是元宵节后增的一项活动，出现在宋朝。南宋时，临安每逢元宵节时制谜，猜谜的人众多，开始时是好事者把谜语写在纸条上，贴在五光十色的彩灯上供人猜，因为谜语能启迪智慧又饶有兴趣，所以深受社会各阶层的欢迎。明代要连续赏灯 10 天，这是中国最长的灯节了。清代赏灯活动虽然只有 3 天，但是赏灯活动规模很大，盛况空前，除燃灯之外，还放烟花助兴。民间过元宵节还有吃元宵的习俗。元宵由糯米制成，或实心，或带馅，馅有豆沙、白糖、山楂、各类果料等，食用时煮、煎、蒸、炸皆可。起初，人们把这种食物叫"浮圆子"，后来又叫"汤团"或"汤圆"，这些名称与"团圆"字音相近，取团圆之意，象征全家人团团圆圆，和睦幸福。随着时间的推移，元宵节的活动越来越多，不少地方节庆时增加了耍龙灯、舞狮子、踩高跷、划旱船、扭秧歌、打太平鼓等传统民俗表演。

三、清明节

清明是我国的二十四节气之一。由于二十四节气比较客观地反映了一年四季气温、降雨、物候等方面的变化，所以古代劳动人民用它安排农事活动。清明一到，气温升高，雨量增多，正是春耕春种的大好时节，故有"清明前后，点瓜种豆""植树造林，莫过清明"的农谚，可见这个节气与农业生产有着密切的关系。但是，清明作为节日，与纯粹的节气又有所不同，而是最重要的祭祀节日。我国传统的清明节大约始于周代，已有两千五百多年历史，后来由于清明与寒食的日子接近，而寒食是民间禁火扫墓的日子，渐渐寒食与清明就合二为一了，而寒食既成为清明的别称，也变成清明时节的一个习俗。

清明节除了讲究禁火、扫墓，还有踏青、荡秋千、蹴鞠、打马球、插柳等一系列风俗体育活动。

（一）荡秋千

这是我国古代清明节习俗。秋千的历史很古老，最早叫千秋，后为了避忌讳，改为秋千。古时的秋千多用树丫枝为架，再拴上彩带做成，后来逐步发展为用两根绳索加上踏板的秋千。

（二）蹴鞠

鞠是一种皮球，球皮用皮革做成，球内用毛塞紧。蹴鞠，就是用足去踢球，这是古代清明节时人们喜爱的一种游戏，相传蹴鞠是黄帝发明的，最初目的是用来训练武士。

（三）踏青

踏青又叫春游，古时叫探春、寻春等。三月清明，春回大地，自然界到处呈现一派生机勃勃的景象，正是郊游的大好时光，我国民间长期保持着清明踏青的习惯。

（四）放风筝

放风筝也是清明时节人们所喜爱的活动。每逢清明时节，人们不仅白天放，夜间也放。过去，有的人把风筝放上天空后，便剪断牵线，任凭清风把它们送往天涯海角，据说这样能除病消灾，给自己带来好运。

四、端午节

阴历五月初五，是中国民间的传统节日——端午节。端午也称"端五""端阳"。此外，端午节还有许多别称，虽然名称不同，但总体上过节的习俗还是相同点多。过端午节，是我国两千多年来的传统习惯，由于地域广大，民族众多，各地也有着不尽相同的习俗。

关于端午节的由来，说法甚多，如纪念屈原说、纪念伍子胥说、纪念曹娥说、吴越民族图腾祭说等。阴历五月已到湿热之时，蛇虫鼠蚁较多，由于儿童抵抗力较差，再加上古代的科技水平有限，所以在端午节气来临之时会给小孩穿五毒背心，戴五色线，起到辟邪的作用。在五月端午这天，人们还会赶早买艾草，挂于家门之上，用来驱赶蚊蝇。中国民众普遍把端午节的赛龙舟和吃粽子等与纪念屈原联系在一起。我国民间过端午节是较为隆重的，庆祝的活动也是各种各样，比较普遍的活动有以下几种形式。

（一）赛龙舟

赛龙舟，是端午节的主要习俗。相传，古时楚国人因舍不得贤臣屈原投江死去，许多人划船追赶施救，他们争先恐后，追至洞庭湖时不见踪迹，之后每年五月五日划龙舟以纪念，借划龙舟驱散江中之鱼，以免鱼吃掉屈原的身体。竞渡之习，盛行于吴、越、楚。我国南方的不少临江河湖海的地区，每年端午节都要举行富有自己特色的龙舟竞赛活动。

（二）端午食粽

端午节吃粽子，是民间的又一传统习俗。粽子，又叫"角黍""筒粽"，其由来已久，花样繁多。据记载，早在春秋时期，用菰叶（茭白叶）包黍米成牛角状，称"角黍"；用竹筒装米密封烤熟，称"筒粽"。晋代，粽子被正式定为端午节食品，这时，包粽子的原料除糯米外，还添加中药益智仁，煮熟的粽子称"益智粽"。南北朝时期，出现杂粽，米中掺杂肉类、板栗、红枣、赤豆等，品种增多。到了唐代，粽子的用米，已"白莹如玉"，其形状出现锥形、菱形。宋朝时，已有"蜜饯粽"，即果品入粽，诗人苏东坡有"时于粽里得杨梅"的诗句。元、明时期，粽子的包裹料已从菰叶变革为箬叶，后来又出现用芦苇叶包的粽子，料中出现豆沙、猪肉、松子仁、枣子、胡桃等，品种更加丰富多彩。一直到今天，每年五月初，中国百姓家家都要浸糯米、洗粽叶、包粽子，其花色品种更为繁多。从馅料看，北方多包小枣的北京枣粽；南方则有豆沙、鲜肉、火腿、蛋黄等多种馅料，其中以浙江嘉兴粽子为代表。

五、七夕节

阴历七月初七即人们俗称的七夕节，也有人称之为"乞巧节"或"女儿节"，是中国传统节日中最具浪漫色彩的一个节日，也是过去姑娘们最为重视的日子。传说在七夕的夜晚，抬头可以看到牛郎织女的银河相会。东晋葛洪的《西京杂记》有"汉彩女常以七月七日穿七孔针于开襟楼，人俱习之"的记载。七夕节最普遍的习俗，就是姑娘们在七月初七的夜晚进行的各种乞巧活动，相当隆重，乞巧的方式大多是姑娘们穿针引线验巧。做些小物品赛巧，摆上些瓜果乞巧。各个地区的乞巧方式不尽相同，各有趣味。

在今日浙江各地仍有类似的乞巧习俗，如杭州、宁波、温州等地，在这一天用面粉制各种小型物状，用油煎炸后称"巧果"，晚上在庭院内陈列巧果、莲蓬、白藕、红菱等，女孩对月穿针，以祈求织女能赐以巧技，或者捕蜘蛛一只，放在盒中，第二天开盒如已结网称为得巧。为了表达人们希望牛郎织女能天天过上幸福家庭生活的愿望，在浙江金华一带，七月七日家家都要杀一只鸡，意为这夜牛郎织女相会，若无公鸡报晓，他们便能永远不分开。

广州的乞巧节独具特色，节日到来之前，姑娘们就预先备好用彩纸、通草、线绳等，编制成各种奇巧的小玩意，还将谷种和绿豆放入小盒里用水浸泡，使之发芽，待芽长到二寸多长时，用来拜神，称为"拜仙禾"和"拜神菜"。从初六晚开始至初七晚，一连两晚，姑娘们穿上新衣服，戴上新首饰，一切都安排好后，便焚香点烛，对星空跪拜，称为"迎仙"，自三更至五更，要连拜七次，拜仙之后，姑娘们手执彩线对着灯影将线穿过针孔，如一口气能穿七枚针孔者叫得巧，被称为巧手，穿不到七个针孔的叫输巧，七夕之后，姑娘们将所制作的小工艺品、玩具互相赠送，以示友情。

六、中秋节

中秋节有悠久的历史，和其他传统节日一样，也是慢慢发展形成的。古代帝王有春天祭日，秋天祭月的礼制，早在《周礼》一书中，已有"中秋"一词的记载，后来贵族和文人学士也仿效起来，在中秋时节观赏祭拜，寄托情怀，这种习俗就这样传到民间，形成一个传统的活动。一直到了唐代，这种祭月的风俗更为人们重视，中秋节才成为固定的节日。这个节日盛行于宋朝，至明清时，已与元旦齐名，成为我国的主要节日之一，也是我国仅次于春节的第二大传统节日。

根据我国的历法，阴历八月在秋季中间，为秋季的第二个月，称为"仲秋"，而八月十五又在"仲秋"之中，所以称"中秋"。中秋节有许多别称：因节期在八月十五，所以称"八月节""八月半"；因中秋节的主要活动都是围绕"月"进行的，所以又俗称"月节""月夕"；中秋节月亮圆满，象征团圆，因而又叫"团圆节"。在唐朝，中秋节还被称为"端正月"。中秋晚上，我国大部分地区还有烙"团圆"的习俗，即烙一种象征团圆、类似月饼的小饼子，饼内包糖、芝麻、桂花和蔬菜等，外面有月亮、桂树、兔子等图案。祭月之后，由家中长者将饼按人数分切成块，每人一块，如有人不在家即为其留下一份，表示阖家团圆。

在中秋节民间通常有以下习俗。

（一）赏月

在中秋节，我国自古就有赏月的习俗，《礼记》中就记载有"秋暮夕月"，即祭拜月神。到了周代，每逢中秋夜都要举行迎寒和祭月。设大香案，摆上月饼、西瓜、苹果、李子、葡萄等时令水果，其中月饼和西瓜是绝对不能少的。西瓜还要切成莲花状。在唐代，中秋赏月、玩月颇为盛行。在宋代，中秋赏月之风更盛，每逢这一日，京城的所有店家、酒楼都要重新装饰门面，牌楼上扎绸挂彩，出售新鲜佳果和精制食品，夜市热闹非凡，百姓们多登上楼台，一些富户人家在自己的楼台亭阁上赏月，并摆上食品或安排家宴，团圆子女，共同赏月叙谈。明清以后，中秋节赏月风俗依旧，许多地方形成了烧斗香、树中秋、点塔灯、放天灯、走月亮、舞火龙等特殊风俗。

（二）吃月饼

我国城乡群众过中秋都有吃月饼的习俗，月饼最初是用来祭奉月神的祭品，"月饼"一词，最早见于南宋吴自牧的《梦梁录》中，那时，它也只是像菱花饼一样的饼形食品，后来人们逐渐把中秋赏月与品尝月饼结合在一起，寓意家人团圆。月饼最初是在家庭制作的，清袁枚在《随园食单》中就记载有月饼的做法。到了近代，有了专门制作月饼的作坊，月饼的制作越来越精细，馅料考究，外形美观，在月饼的外面还印有各种精美的图案。

（三）其他中秋节的习俗

中国地域辽阔，人口众多，风俗各异，中秋节的过法也是多种多样，并带有浓厚的地方特色。在福建浦城，女子过中秋要穿行南浦桥，以求长寿。在建宁，中秋夜以挂灯为向月宫求子的吉兆。上杭县人过中秋，儿女多在拜月时请月姑。金门中秋拜月前要先拜天公。

广东潮汕各地有中秋拜月的习俗，主要是妇女和小孩，有"男不圆月，女不祭灶"的俗谚。晚上妇女们便在院子里、阳台上设案当空祷拜，桌上摆满佳果和饼食作为祭礼。当地还有中秋吃芋头的习惯，潮汕有俗谚"河溪对嘴，芋仔食到"。八月间，正是芋头的收成时节，农民都习惯以芋头来祭拜祖先。

七、重阳节

阴历九月九日为传统的重阳节。因为古老的《易经》中把"六"定为阴数，把"九"定为阳数，九月九日，日月并阳，两九相重，故而叫重阳，也叫重九，古人认为是个值得庆贺的吉利日子，并且从很早就开始过此节日。九九重阳，早在春秋战国时的楚辞中已提到了，屈原的《远游》里写道："集重阳入帝宫兮，造旬始而观清都。"这里的"重阳"是指天，还不是指节日。三国时魏文帝曹丕《九日与钟繇书》中，则已明确写出重阳的饮宴了："岁往月来，忽复九月九日。九为阳数，而日月并应，俗嘉其名，以为宜于长久，故以享宴高会。"东晋陶渊明在《九日闲居》

诗序文中说："余闲居，爱重九之名。秋菊盈园，而持醪靡由，空服九华，寄怀于言。"这里同时提到菊花和酒。魏晋时期，重阳日已有了饮酒、赏菊的做法。到了唐代重阳被正式定为民间的节日。明代，九月重阳，皇宫上下要一起吃花糕以庆贺，皇帝要亲自到万岁山登高，以畅秋志，此风俗一直流传到清代。

庆祝重阳节的活动一般包括出游赏景、登高远眺、观赏菊花、遍插茱萸、吃重阳糕、饮菊花酒等活动。九九重阳，因为与"久久"同音，九在数字中又是最大数，有长久长寿的含意，且秋季也是一年收获的黄金季节，重阳佳节，寓意深远，人们对此节历来有着特殊的感情。

（一）登高

在古代，民间在重阳有登高的风俗，故重阳节又叫"登高节"。相传此风俗始于东汉。唐代文人所写的登高诗很多，大多是写重阳节的习俗，杜甫的七律《登高》，就是写重阳登高的名篇。登高所到之处，没有划一的规定，一般是登高山、登高塔。

（二）吃重阳糕

据史料记载，重阳糕又称花糕、菊糕、五色糕，制无定法，较为随意。九月九日天明时，以片糕搭儿女头额，口中念念有词，祝愿子女百事俱成，乃古人九月作糕的本意。讲究的重阳糕要做成九层，状如宝塔，上面还做成两只小羊，以符合重阳（羊）之义，有的还在重阳糕上插一小红纸旗，并点蜡烛灯，这大概是用"点灯""吃糕"代替"登高"的意思，用小红纸旗代替茱萸，当今的重阳糕，仍无固定品种，各地在重阳节吃的松软糕类都称之为重阳糕。

（三）赏菊、饮菊花酒

重阳节正是一年的金秋时节，菊花盛开，据传赏菊及饮菊花酒，起源于东晋大诗人陶渊明。陶渊明以隐居出名，以诗出名，以酒出名，也以爱菊出名，后人效之，遂有重阳赏菊之俗。民间还把阴历九月称为"菊月"，在菊花傲霜怒放的重阳节里，观赏菊花成了节日的一项重要内容。清代以后，赏菊之习尤为昌盛，且不限于九月九日，但仍然以重阳节前后最为繁盛。

（四）插茱萸、簪菊花

重阳节插茱萸的风俗，在唐代就已经很普遍。古人认为在重阳节这一天插茱萸可以避难消灾，或佩戴于臂，或做香袋把茱萸放在里面佩戴，还有插在头上的。茱萸大多是妇女、儿童佩戴，有些地方，男子也佩戴。重阳节佩茱萸，在东晋葛洪的《西京杂记》中就有记载。除了佩戴茱萸，人们也有头戴菊花的，唐代就已经如此。宋代，还有将彩缯剪成茱萸、菊花来相赠佩戴的。清代，北京重阳节的习俗是把菊花枝叶贴在门窗上，"解除凶秽，以招吉祥"，这是头上簪菊的变俗。

除了以上较为普遍的习俗外，各地还有些独特的过节形式。陕北过重阳在晚上，白天是一整天的收割、打场，晚上月上树梢，人们喜爱享用荞面熬羊肉，待吃过晚饭后，人们三三两两地走出家门，爬上附近山头，点上火光，谈天说地，待鸡叫才回家，夜里登山，许多人都摘几把野菊花，回家插在女儿的头上，以之避邪。

在福建莆仙，人们沿袭旧俗，要蒸九层的重阳米果，我国古代就有重阳"食饵"之俗，"饵"即今之糕点、米果之类。近代以来，人们又把米果改制为一种很有特色的九重米果，将优质晚米用清水淘洗，浸泡2小时，捞出沥干，掺水磨成稀浆，加入明矾（用水溶解）搅拌，加红板糖（掺水熬成糖浓液），而后置于蒸笼于锅上，铺上洁净炊布，然后分九次，舀入米果浆，蒸若干时即熟出笼，米果面抹上花生油。此米果分九层重叠，可以揭开，切成菱角，四边层次分明，呈半透明体，食之甜软适口，又不粘牙，堪称重阳敬老的最佳礼馈。一些地方的群众也有利用重阳登山的机会，祭扫祖墓，纪念先人。莆仙人以重阳祭祖者比清明为多，故俗有以三月为小清明，重九为大清明之说。

八、冬至节

冬至，是我国阴历中一个非常重要的节气，俗称"冬节""长至节""亚岁"等，也是我国汉族一个传统节日，至今仍有不少地方有过冬至节的习俗。冬至是北半球全年中白天最短、黑夜最长的一天，过了冬至，白天就会一天天变长。冬至是二十四节气中最早制定出的一个，时间在每年的阳历 12 月 21 日至 23 日之间。

在我国古代对冬至很重视，冬至被当作一个较大节日，曾有"冬至大如年"的说法，而且有庆贺冬至的习俗。古人认为到了冬至，虽然还处在寒冷的季节，但春天已经不远了，这时外出的人都要回家过冬至节，表示年终有所归宿。另外民间往往以冬至日的天气好坏与来到的先后，来预测往后的天气。

现在，一些地方还把冬至作为一个重要的节日来过，北方地区有冬至宰羊，吃饺子、吃馄饨的习俗，南方地区在这一天则有吃冬至米团、冬至长线面的习惯，某些地区在冬至这一天还有祭天祭祖的习俗。

九、腊八节

腊八节又称腊日祭、腊八祭、王侯腊或佛成道日，原来是古代欢庆丰收、感谢祖先和神灵（包括门神、户神、宅神、灶神、井神）的祭祀仪式，除祭祖敬神的活动外，人们还要驱疫。这项活动来源于古代的傩（古代驱鬼避疫的仪式），这天我国大多数地区都有吃腊八粥的习俗，腊八粥内除大米、小米、绿豆、豇豆、花生、大枣等原料外，还要加莲子、核桃、栗子、杏仁、松仁、桂圆、榛子、葡萄、菱角、青丝、玫瑰、红豆等。

我国喝腊八粥的历史，已有一千多年，最早开始于宋代。每逢腊八这一天，不论是朝廷、官府、寺院还是黎民百姓家都要做腊八粥。到了清朝，喝腊八粥的风俗更是盛行。在宫廷，皇帝、皇后、皇子等都要向文武大臣、侍从宫女赐腊八粥，并向各个寺院发放米、果等供僧侣食用。在民间，家家户户也要做腊八粥，祭祀祖先；同时，阖家团聚在一起食用，或是馈赠亲友。中国各地腊八粥的花样，争奇竞艳，品种繁多。

第五章　中华优秀传统文化与教育

第一节　指导思想

　　文化是人存在的根和魂，人文底蕴与科学精神素养要依托文化。文化基础，重在强调能习得人文、科学等各领域的知识和技能，掌握和运用人类优秀智慧成果，涵养内在精神，追求真善美的统一，发展成为有宽厚文化基础、有更高精神追求的人。人文底蕴主要是学生在学习、理解、运用人文领域知识和技能等方面形成的基本能力、情感态度和价值取向，具体包括人文积淀、人文情怀和审美情趣等基本要点。

　　立什么德，如何立德，是中华优秀传统文化启蒙教育基本的逻辑起点。优秀传统文化启蒙教育可以"立德树人，以文化人，以人育人"为指导思想与宗旨，"立德树人"是根本任务，也是教育的最终目标，这个目标的达成需要经历"以文化人"的慢过程，需要通过教师自身人格魅力潜移默化的浸润才能完成。

一、文字语义

（一）立德树人的文字语义

立：会意字。原意是人站在大地上，顶天立地之意。对于学生而言，建立起对祖国的认同感、责任感，才能做好顶天立地之人。做顶天立地的人，就要具有天地的品格。天具有自强不息的品格，大地具有厚德载物的品性，人要效法天地的品格。正如《道德经·道经》第二十五章中所说："人法地，地法天，天法道，道法自然。"《尚书·周书》中又指出："惟天地，万物父母；惟人，万物之灵。"

德："直心为德"。形声字。从"彳"的字多与行走、行为和道路有关。"德"包括公德、私德、家德、美德、大德。东方大德曰生，生生不息之谓易，顶天立地之人要有生生不息的德行。因此，人要向光、向水、向天、向地、向生而生，也要因时、因律、因序、因节、因祖、因宗而生。为此，协和万邦的世界应该是共生、众生的世界。《中庸》有云："譬如四时之错行，如日月之代明，万物并育而不相害，道并行而不相悖。小德川流，大德敦化，此天地之所以为大也。"

树："百年树人"。形声字。《管子·权修》中指出："一年之计，莫如树谷；十年之计，莫如树木；终身之计，莫如树人。"立德树人，是长久的、慢功夫的过程，但教育的功利化违背了人成长的规律。正如《孟子·公孙丑上》中所讲述的《揠苗助长》的故事，就是违背了事物生长的规律，反受其害。反思社会上的"不输在起跑线上"的教育宣传，反思教育上"知识下移"等做法，类似揠苗助长。殊不知教育上还有大器晚成之说，更有苏霍姆林斯基的"白痴大家"的传奇发展。《三字经》中有："苏老泉，二十七。始发愤，读书籍。"托尔斯泰的三部曲《战争与和平》《安娜·卡列尼娜》《复活》，都是在他40岁之后创作出的经典作品。

人："仁者爱人"。《说文解字》中的解释为："天地之性最贵者也。"《礼记·礼运》云："故人者，其天地之德、阴阳之交、鬼神之会、五行之秀气也。……故人者，天地之心也，五行之端也。食味、别声、被色而生者也。"《孟子·滕文公章句上》中"故曰，或劳心，或劳力；劳心者治人，劳力者治于人；治于人者食人，治人者食于人；天下之通义也"，则是讲核心素养中的"社会参与""责任担当"。现代哲学认为人的生命具有身、心、灵三个层次，灵的生命境界则是弘扬大道，正如孔子所追求的"人能弘道，非道弘人"。

立德树人，就是要涵养具有君子品格的人。那么具有君子品格的人是什么样的？《论语》中关于君子的论述非常全面，首先"君子不器"，君子应以道御器，将追求弘道作为人生理想；其次，君子要经常自我反思。"吾日三省吾身""君子求诸己，小人求诸人"；再次，君子要有担当、有气节。曾子曰："可以托六尺之孤，可以寄百里之命，临大节而不可夺也。君子人与？君子人也。"子曰："三军可夺帅也，匹夫不可夺志也。"最后，君子要以义为先。《论语·里仁》有"君子喻于义，小人喻于利""君子怀德，小人怀土；君子怀刑，小人怀惠"。《论语·八佾》中，"子曰：'君子无所争，必也射乎！揖让而升，下而饮，其争也君子。'"

（二）以文化人的文化内涵

文化的内涵是什么？《易经·贲卦·彖传》中有云："刚柔交错，天文也。文明以止，人文也。观乎天文以察时变，观乎人文以化成天下。"什么是文化？梁晓声用四句话进行了概括：根植于内心的修养，无需提醒的自觉，以约束为前提的自由，为别人着想的善良。

文化是可以载道的。宋代周敦颐在《通书·文辞》中说："文，所以载道也。轮辕饰而人弗庸，徒饰也，况虚车乎？文辞，艺也；道德，实也。笃其实，而艺者书之，美则爱，爱则传焉。贤者得以学而至之，是为教。故曰：'言之无文，行之不远。然不贤者，虽父兄临之，师保勉之，不学也，强之不从也。不知务道德，而第以文辞为能者，艺焉而已。'"为此，要在文以明道、文以贯道、文道统一中建立文化自信，就要以文字为根本，在汉字的德美、智美、艺美中载道；以文言为语感，体悟中华优秀传统文化启蒙教育中的唯物立场、辩证思维、中庸至德、六合向度、大公理想，建立文化自信；以文人气宇为典范，建立文人风骨，人间正气。

（三）以人育人的文人情怀

《孟子·尽心章句上》有云："君子有三乐，而王天下不与存焉。父母俱存，兄弟无故，一乐也。仰不愧于天，俯不怍于人，二乐也。得天下英才而教育之，三乐也。"得天下英才而教，需要教师具有育人的本领与德行。言教胜于身教者是老师，身教胜于言教者是导师。做学生的人生导师要具备以下教育情怀。

1.建立和而不同的观念

"和实生物，同则不继"，这不仅是自然界的生长规律，也是人类社会的生长法则。和则能生成万物，和而不同则产生人类发展的创造性思维。同则不继的法则运用到人类社会，则是同则不能增益、止步不前。因此，《论语》有"君子和而不同，小人同而不和"，更有"君子矜而不争，群而不党"，还有"君子周而不比，小人比而不周"。

2.具有美美与共、和衷共济的胸怀

《尚书·皋陶谟》有云："同寅协恭，和衷哉。"《国语·鲁语下》指出："夫苦匏不材于人，共济而已。"《孙子·九地》也有："夫吴人与越人相恶也，当其同舟而济，遇风，其相救也如左右手。"这些都是和衷共济的出处，和衷共济要以美美与共为前提，要具有博大的胸怀。

我国提出"长期共存、互相监督、肝胆相照、荣辱与共"的十六字方针，这也成为"一带一路"倡议中共襄、共举、共建、共享的指导思想，也应成为教师具有的教育情怀。

3."四尊四养"中涵养仁义礼智

在"尊天性，养德性；尊人性，养个性；尊本性，养习性；尊知性，

养智性"的教育原则下，教师需要静下心来，沉下气去，耐得住寂寞，禁得住挫折。教师要始终立足教育，在"抱一、守一、忠一、执一"中一心一意做好教育。在教师的人格影响中实现"三达德"，即"好学近乎知，力行近乎仁，知耻近乎勇。知斯三者，则知所以修身；知所以修身，则知所以治人；知所以治人，则知所以治天下国家矣"。

二、师德践行

师德在教师素质结构中处于核心地位，发挥的是原动力作用，是教育目标得以实现的关键因素。在文化复兴、文化自信的新时代，教师要以"修身"树立师德之本，以"明德"筑教育之梦。

（一）修身立其诚

《礼记·大学》有云："自天子以至于庶人，壹是皆以修身为本。"梁漱溟指出，修身是儒家自觉进行学习、磨炼、陶冶和提高性情的真功夫。修身是一种精神活动，是内心经历修养、磨炼而实现超越自我、走向完善的过程。因此，师德建设也要经历三个层级的修行。

1.三省吾身

子曰："见贤思齐焉，见不贤而内自省也。"曾子曰："吾日三省吾身：为人谋而不忠乎？与朋友交而不信乎？传不习乎？"这是儒家反省自克的修行，作为新时代的教师也要三省吾身。

教师需反观自省：是否能以"立德树人，以文化人，以人育人"为纲，用教师高尚的师德影响学生，用深厚的文化积淀涵养学生人格？能否以"正己"言传身教引导学生？正如孔子所说："其身正，不令而行；其身不正，虽令不从。""政者，正也。子帅以正，孰敢不正？"

2. 诚意正心

《孟子·离娄上》有云："诚者，天之道也；诚之者，人之道也。"这句话强调了"天道"与"人道"的融洽，突出了人的主观能动性，用诚意追求天人合一的境界，达到这一境界"虽愚必明，虽柔必强"。在师德建设中，同样强调的是教师的教育理想、信念的建立，它是教师实现教育目标的原动力。《礼记·大学》中指出："欲修其身者，先正其心；欲正其心者，先诚其意；欲诚其意者，先致其知。"诚意正心的重点在于"毋自欺"，在于"慎独其身"。面对学术上"一哄而上，一下而散"的现象，教师能否保持学术独立的思想？能否一以贯之追求教育的理想？

3. 格物致知

格物致知，是强调科学探究事物的原理，不被表面现象蒙蔽。致知在格物，这是求得真知、获得智慧的路径。信息时代，面对强大的信息流，教师要反观自己是否淹没在信息流中？是否能将碎片的信息集成学习系统？能否运用大数据滤掉学习的干扰因素，从而探究出学生学习的发展规律？

教书育人是师者的天职。教师在自省中止于至善，在诚意正心中追求教育理想，在格物致知中形成教育智慧。正如孟子所云："爱人不亲反其仁，治人不治反其智，礼人不答反其敬。行有不得者，皆反求诸己；其身正，而天下归之。诗云："永言配命，自求多福。'"面朝大海，春暖花开，我心光明，卑而上行。

（二）反身求诸己

孔子认为"君子求诸己"。孟子则立足于性本善，提出"诚身有道，不明乎吾，不诚其身矣"。以上均是在反求诸己中实现自我和谐发展。作为教师不仅要率先树立反求诸己的修身理念，同时还要力行"智、仁、勇"的"三达德"理想。

1. 好学近乎知

《易经》有云："君子学以聚之，问以辩之，宽以居之，仁以行之。"教师要以"学"为主，遵循"博学之，审问之，慎思之，明辨之，笃行之"的为学之序。

在学习、学问、学术、学理中站在学术的前沿，学习学科发展史，把握学科发展脉络与走向，要知学统、学术、学理的源流，探究学术的起源、源头与原点，做到沿波溯源、正本清源、返本开源；要知相关、知因果。立足学科思想做学问，回归教育原点做学术，保持学术风骨做学者，引领学生、学校、学风进行真探究。

2. 力行近乎仁

这里的"仁"指的是巨大精神动力支持下，坚持不懈的行为。"行笃敬"

是"力行"的表现。《论语·学而》不仅强调了学习的重要性，同时也强调了践行的重要。"学"与"习"在字源字理上均表示在实习、见习、练习、演习等实践中习得人心。努力践行是教师应具备的科学探究精神与研究素养。

3. 知耻近乎勇

"羞恶之心，义之端也。"儒家倡导的是知道羞耻并勇于改正错误，是一种值得推崇、夸耀的品质。子曰："主忠信，毋友不如己者，过则勿惮改。"是主张面对过失与不足，要勇于改正，这是人生成长、成才的基础。

（三）以身作则

儒家的理想是追求"圣人之境"，成就"君子之德"。圣人的标准是立德、立功、立言的"三不朽"，这也是当代师德建设的理想之境。

1. 立生命之德

教师之德就是要以生为本，以身作则，促进学生生命之新意、生长之快乐、生成之创造。这需要教师按照学生成长规律，让学生灵动、快乐地成长。

2. 立研究之功

教师要在"三课"上下功夫，"三课"即课题、课程、课堂。尤其是课堂，一课一得，课课皆辛苦。这三者之间是一个有序的、有结构的、互补的、开放的整体。

课题是"三课"整体中的始端，强调的是问题导向，要求必须用教育科学研究的思想方法、研究范式去解决教育教学当下场域中发生的问题。

课程是"三课"整体中的支点和载体，也是平台。在这个课程平台上要将课题研究所取得的成果拿到这个平台上进行检验、验证与校正，一方面可以丰富课程门类，增强课程的科学性；另一方面还可以通过课程开发与使用对课题研究进行反作用，检验教育科学研究的价值取向，矫正教育科学研究方法运用的科学性，完善教育科学研究的过程，增强教育科学研究的目的性。

课堂是"三课"整体中的归宿与落脚点，无论是课题研究还是课程开发，都要经过课堂中学生学习的检验与批判，有利于学生学习的就是有用的、有效的，能够被学生选取作为问题探究、课程资源的就是有价值、有意义的，能够引起学生深度学习、持续学习当作生命意义去探究的就是符合人才成长规律的。因此，教师要以学生的学习为大、为上、为要、为第一要义，研究开放的课堂、生命的课堂、生长的课堂、生成的课堂、创造的课堂，以实现"携天下英才而教育"的神圣使命。

3. 立教育之言

读书、教书、著书，是教师的传承教育之本。以研究开风气之先，以成果发物竞天择之端，将教育之道著书立说，藏之深山，传诸后世。

让后人以此为基，反本开新、革故鼎新、薪火相传。止于至善是人生的追求，教师职业道德就是在对教育尽职、尽责、尽全力的修行中，实现尽善、尽美、尽真爱的教育理想。

三、师德境界

作为至圣先师的孔子，更多是以仁爱无私的利他精神为本体。"仁者爱人"是师者孜孜以求的最高境界。以儒家"仁者爱人"的根本，通过修己安人、成己达人、悲天悯人、推己及人四个方面，诠释师德的内涵与意义。

（一）修己安人

《论语·宪问》中有："子曰：'修己以敬。'曰：'如斯而已乎？'曰：'修己以安人。'"《论语·述而》中又有："德之不修，学之不讲，闻义不能徙，不善不能改，是吾忧也。"强调的是要使别人"安"，首先要向内自省，"吾日三省吾身：为人谋而不忠乎？与朋友交而不信乎？传不习乎？"这是仁者爱人的前提和基础，也是理解、宽容、宽恕他人的胸襟与气度。

（二）成己达人

成己达人的核心意义是"己欲立而立人，己欲达而达人"。《论语·雍也》中记载了孔子与子贡的一段对话："子贡曰：'如有博施于民而能济众，何如？可谓仁乎？'子曰：'何事于仁？必也圣乎！尧、舜其犹病诸。夫仁者，己欲立而立人，己欲达而达人。能近取譬，可谓仁之方也已。'"怎样使别人"达"呢？首先是要修炼自己，具有使别人达的品质。如果说，"修己安人"只是从德性、德行的角度对人提出具体要求，那么"成己达人"则是从"知与智"的角度来阐述，即首先要做到"进德修业"才能使别人达，是"穷则独善其身，达则兼济天下"。

（三）悲天悯人

所谓"恻隐之心，人皆有之"。悲天悯人是儒家的至德，是说"人皆有不忍人之心"，这句话出自孟子的《公孙丑章句上》。人要有悲天悯人之心，不要小看由一撇和一捺构成的"人"，要做顶天立地的人、流芳百世的人、有益于社会的人是非常不容易的。

（四）推己及人

推己及人即"己所不欲，勿施于人"，就是用自己的心推及别人，自己希望怎样生活，就想到别人也会希望怎样生活；自己不愿意别人怎样对待自己，就不要那样对待别人；自己希望在社会上能站得住、能通达，就也帮助别人站得住、通达。总之，从自己的内心出发，推及他人，去理解他人。"推己及人"和我们常说的将心比心、设身处地为别人想等，指的都是一个意思。但不能只做到"己所不欲，勿施于人"，这只是思想层面的理念要求，我们还要付诸行动，做到"老吾老以及人之老，幼吾幼以及人之幼"，即从自己身边的亲人做起，由亲缘之爱推广到大众之爱，也就是我们常说的博爱。

有了修己安人、成己达人、悲天悯人、推己及人做基础，就有希望实现"仁者爱人"，师德的光辉就会照遍你的教育历程，引领他人前行。

第二节　基本准则

目前，中华优秀传统文化进校园已蔚然成风，师生共同学习中华优秀传统文化的活动也进行得如火如荼。但是，任何事情如果想做得长久、做得扎实、做得深远，就必须平心静气、凝心聚力，遵循一定的原则规律，坚持不懈地做下去，下一番真功夫、苦功夫、硬功夫，才会收到一定的成效。中华优秀传统文化启蒙教育需要遵循以下五个"合一"的教育准则。

一、语境合一

中华优秀传统文化是中华民族的精神支柱、灵魂生命，而记载这些优秀传统文化的符号是文言文，具象化来说，可以分为经、史、子、集四部。五四运动以来，随着新文化与白话文的普及和发展，我们对经典的文言文日渐生疏。然而，今天我们所熟知的、日常运用的白话文语言，它的生命之根、生命之源却是文言。文言与白话的关系是源和流的关系，处理这二者之间的关系，就是处理继承与发展的问题。在继承与发展的前提下，把文言文语境与白话文语境有机统一起来使用，在保留文言中的音韵美、意境美、情趣美、形式美的前提下，使文言文与白话文二者相得益彰。按照朱季海先生的观点，所谓传统，其实是新的。意思是传统文化流传到现在还能继续往下流传，就是新的，亦即"周虽旧邦，其命维新"。

二、情景合一

中华优秀传统文化源远流长而又历久弥新，卷帙浩繁而又熠熠生辉，跨越时空而又欣欣向荣。要让我们的学生能够读懂、学好中华优秀传统文化，就要"知人论世"，回眸远眺才会高瞻远瞩。在学习孔子的仁者爱人、孟子的浩然正气、荀子的天人相分，乃至屈原行吟问天、苏武持节牧羊、杜甫忧国忧民、陆游遥望中原、岳飞怒发冲冠、文天祥"零丁洋里叹零丁"等传统文化时，都需要带领学生回到那个真实的历史时空，使学生身临其境，在情境中体会，在景中生情、情中生景，自然可以情景合一，自得妙语。这样拉近心理、情感的距离，使学生对这些优秀传统文化不再有陌生感、疏离感，渐渐产生亲切感、亲密感，浸润其中，耳濡目染，进而实现"习与智长，化与天成"的学习目的。

三、身心合一

所谓身心合一，其实说的是中华优秀传统文化之所以优秀，是因为这些优秀传统文化不仅仅是用来说的，关键是用来做的，是在做的过程中通过心灵体验，不断加深认知、增加感情、增强能力。学习中华优秀传统文化，应该是心口合一、表里合一。如"兴于诗，立于礼，成于乐""志于道，据于德，依于仁，游于艺"等，都要求我们在学习的时候，要心怀一颗敬畏之心，日习一课、日练百字、日诵千言、三省吾身、见贤思齐、择善而从、长善救失。长此以往，经常坚持，在水滴石穿、绳锯木断的坚持下，也会养成坚持不懈、坚忍不拔、刚毅坚卓的品格，唯有这样培养出来的人，才会顶天立地，以天下为己任，成为曾子所赞颂的"弘毅之士"——"士不可以不弘毅，任重而道远。仁以为己任，不亦重乎？死而后已，不亦远乎？"学校教育中，修习中华优秀传统文化，就是在立德树人，涵养学生的君子人格，为祖国、为人民、为中华民族培养顶天立地的栋梁之材。

四、文道合一

文道合一，也可以称文道统一、文以载道。简单地说就是文化也好、文学也好，是为传播思想、规律服务的，目的是促进社会文明的不断发展。"文以载道"出自宋代理学家周敦颐《通书·文辞》："文，所以载道也……文辞，艺也；道德，实也。笃其实，而艺者书之，美则爱，爱则传焉。贤者得以学而至之，是为教。故曰：'言之无文，行之不远……'"其实，唐朝的韩愈就曾明确提出过"文以贯道、文以明道"，清代的曾国藩则概括为"文以载道，经世致用"，其思想旨在倡导"文明以止，以文化人"，强调文化、文学都是为人民、为社会、为国家文明发展服务的。明白了这个原则，在学习中华优秀传统文化时，就会自觉地把为学与为人、为文与为人、为事与为人结合起来，用中华优秀传统文化塑品格、铸灵魂，实现"立德树人，以文化人，以人育人"。

五、体用合一

"体"和"用"是中国哲学特有的一对范畴，"体用合一"早已见于先秦典籍，其主旨强调的是"体用不二"。王阳明在《体用论》中指出："体与用本不二，而究有分，虽分，而仍不二。"中国文化强调体用合一，"体"是指主体、本体或实体，"用"是指作用、功用或用处。主体、本体、实体是本然存在或独立自存的东西，而作用、功用、用处则必须依赖于它，不能离开本体而独立存在。

中国古代和近代的哲学家，凡论体用关系者，几乎人人都讲体用统一，提法有"体用一源""体用一如""体用一贯""体用一致""体用合一""体用不二""体用玄通""体用相即"等。无疑，这都说明中国哲学中强调"体用合一"的辩证思维传统是比较深厚的，并占据主导地位。

中国哲学所讲的"体用合一"重在用，这个"用"并不是一般地讲事物的客观属性，而是把人的实践需要也考虑在内，"用者，用之于天下也""其用必以人为依"，事物的作用是指对天下的人有用，施之于人而人得以用之。例如，以车为体，则以乘为用；以器为体，则以贮为用。中国哲学重用、重实践、重事功的特点，既表现在"天人合一"的观念中，也表现在"体用合一"的思维模式中。

无论古代还是现代，无论东方还是西方，无论是农耕文明还是信息文明，无论是汉语言文字还是外国语言文字，"与天地合其德，与日月合其明，与四时合其序""己所不欲，勿施于人""己欲立而立人，己欲达而达人""自强不息、厚德载物"等思想是全人类认同的普遍价值观，如果我们坚定这些思想，就会实现费孝通先生提出的"各美其美，美人之美，美美与共，天下大同"的和谐世界和平共处、和谐社会合作共赢的美好理想。

天人合一的思想，推衍出了"体用合一""身心合一""情景合一"等思想。这些都是以"天人合一"为前提，在践行中体现天道与人道的和谐统一。"体用合一""身心合一""情景合一"皆是修身之法，是推天道，以明人道。而"语境合一""文道合一"则进一步强调了文化的源流不离天道与人道的基本原则。五个"合一"构成了中国传统文化的思想体系，具有普遍意义。中华优秀传统文化启蒙教育要抱元守一，即以"立德树人"为一，以人化人、以人育人为本，"抱一故为天下式"。

第三节　目标定位

以涵养学生健全人格为目标，以开启其智慧、塑造其人格、完善其道德、优美其品德为指标，在经典中促进学生记忆力、表达力、认知力、社交力、自省力、创造力的发展。人格的涵养，需要在经典中培养浩然正气，保持赤子之心，保存住中国的文化之根，要遵循成人、成才、成事、成功，良心、良知、良能、良才这一基本规律，在日日诵读中达到"习与智长，化与心成"，实现"精神引领，价值导向，文化熏染，人格涵养，得道天成"的教育理想。

一、中国文化的五个特质

（一）一个"中"字

"中"，指事字。《说文解字》指出："中"的甲骨文字形就像旗杆，上下有旌旗和飘带，表示两军对阵时的中间地带。本义当中心讲，引申到事物的发展状态是中和，发展到思想上则是指中庸至德。《论语·雍也》有云："中庸之为德也，其至矣乎。"仲尼曰："君子中庸，小人反中庸。君子之中庸也，君子而时中。小人之中庸也，小人而无忌惮也。"子程子曰："不偏之谓中，不易之谓庸。中者，天下之正道。庸者，天下之定理。"这里已经将"中"特指为中庸之道。《尚书·大禹谟》云："人心惟危，道心惟微，惟精惟一，允执厥中。"天下正中，文明中心；民受天地之中以生，日出东方以明。

（二）一个"生"字

东方大德曰生，中国文化历久弥新，如"野火烧不尽，春风吹又生"，又如"星星之火，可以燎原"，依靠的是生命的仁义本性而生。"生，仁也；成，义也。故圣人在上，以仁育万物，以义正万民。"

中国文化孕育出的文人，皆具有以天下为己任而生的特性。中国文化更具有向生而生的特点，与天地合其德，向光而生、向水而生、向天而生、向根而生、向死而生；与四时合其序，以时相生，遵道而生，按律而生，反动而生，相克相生。

（三）一个"时"字

中国文化与时消息，与时偕行，如"譬如四时之错行，如日月之代明。万物并育而不相害，道并行而不相悖"。孟子曰："天时不如地利，地利不如人和。三里之城，七里之郭，环而攻之而不胜。夫环而攻之，必有得天时者矣。""不违农时，谷不可胜食也。"《尔雅·释天》中指出："四时和谓之宝烛。"《书·尧典》有"敬授人时"。《传》曰："敬记天时以授人也。"因此，中国文化是与时消息、与时偕行、与时俱进。

（四）一个"和"字

《礼记·中庸》中提出"中和位育"，即"喜怒哀乐之未发，谓之中；发而皆中节，谓之和。中也者，天下之大本也；和也者，天下之达道也。致中和，天地位焉、万物育焉"。万物是和实生物，同则不继。君子则和而不同，和而不流。因此，世界是和合相生、和时共生的，共同构建人类命运共同体；是和而不同，各美其美；和实生物，美人之美；和衷共济，美美与共；和平相处，天下大同。

（五）一个"新"字

汤之《盘铭》曰："苟日新，日日新，又日新。"《尚书·康诰》曰："作新民。"《诗》曰："周虽旧邦，其命维新。"是故君子无所不用其极。《大学》开篇："大学之道，在明明德，在亲民，在止于至善。"更是提出要彰显光明的德行，人人都能去除污染而自新，不断完善自身。《孟子·万章下》："孔子之谓集大成。集大成也者，金声而玉振之也。金声也者，始条理也；玉振之也者，终条理也。始条理者，智之事也；终条理者，圣之事也。"

二、反本开新地学中华优秀传统文化的目的

我们今天读经典，不是为了复古，而是为了传承；不是为了复旧，而是为了复新。就像韩愈的古文运动、欧洲的文艺复兴，其实和孔子的"郁郁乎文哉，吾从周"一样，有着某种暗合。贞下起元，周流不息。

王阳明、梁漱溟两位先哲为中华优秀传统文化传承提出了横纵两个坐标的标准与境界。王阳明的三句心法是"知行合一，致良知，心外无物、心外无理"；梁漱溟的八层楼境界是"形成主见、发现不能解释的问题、融会贯通、知不足、以简驭繁、运用自如、一览众山小、通透"。特别是形成主见之前所受的教育就是地下功夫、基础功夫、先天功夫。以这两个坐标为导向，反本开新地带领学生读中华优秀传统文化经典，具有

以下几个目的：

（一）读经典，立德树人

《中庸》开篇指出："天命之谓性，率性之谓道，修道之谓教。"教育需要遵照学生的天性、本性与习性，从而完成立德树人的根本任务。

（二）读经典，为学生立心

北宋思想家、教育家张载的"横渠四句"——"为天地立心，为生民立命，为往圣继绝学，为万世开太平"，表达了文化理想的至高追求。"为学生立心，为教育立命，为文化传薪火，为社会建和谐"是中华优秀传统文化启蒙教育的理想追求。《陆桴亭论读小学》指出："凡人有记性，有悟性。自十五以前，物欲未染，知识未开，多记性，少悟性。十五后，知识既开，物欲渐染，则多悟性，少记性。故凡所当读书，皆当自十五前，使之熟读。不但四书五经，即如天文、地理、史学、算学之类，皆有歌诀，皆须熟读。若年稍长，不惟不肯读，且不能读矣。今人村塾中开蒙，多教子弟念诗句，直是无谓。"

（三）读经典，传承社会主义核心价值观

儒家关注文化，留下的是仁爱、正义、自强；墨家关注社会，留下的是平等、互利、博爱；道家关注人生，留下的是真实、自由、宽容；法家关注国家，留下的是公开、公平、公正。这些与社会主义核心价值

观中"富强、民主、文明、和谐、自由、平等、公正、法治、爱国、敬业、诚信、友善"是一脉相承、一以贯之的。

（四）读经典，把文化的根留住

开展中华优秀传统文化启蒙教育才能让文化一脉相承、一以贯之，才会有一元复始、万象更新，才会有大繁荣、大发展。

三、中华优秀传统文化启蒙教育的终极目标是人格教育

中华优秀传统文化启蒙教育以人格养成为最终目标，以涵养学生君子人格的形成为教育理想追求。首先要明确人格的内涵。人格是个体特有的特质模式及行为倾向的统一体，又称个性。人格是由实际发挥作用的道德价值构成，好的人格包括认知善、趋向善、和为善为指向的良好习惯、喜好和行动。立足中国人普遍认可的"忠孝节义"的价值观定位，人格内涵应指培养学生具有一以贯之的家国情怀、孝悌为本的行为理念、处世不变的气节、仁爱之心，以培育和践行社会主义核心价值观。

（一）学生人格教育现状分析

通过文献调查统计，中华优秀传统文化启蒙教育出现频率较高。"中国传统文化"出现频次较高，在传统文化价值、活动的研究中出现较多，但立足中国传统文化中实施人格培养的研究中出现的频次较低，尤其是

中国传统文化在的课程、教学、诵读活动和校园文化建设方面，以及通过传统文化培养生良好人格的研究方面还有待深化。

中华优秀传统文化启蒙教育在国内引起了广泛而高度的重视，已成为广大学校自发的教育行为。目前国内已经认识到传统文化对人格培养具有重大价值，但如何培养还没有具体的途径与方法，有的学校只是开展零散的主题教育，有的学校结合语文教学开展兴趣阅读，有的学校针对中国传统经典中的部分章节进行初步的教学探究。这些中华优秀传统文化启蒙教育行为还都处于自发状态，停留在教师的个人兴趣、爱好层面。目前，我国的传统文化启蒙教育还处于初始的摸索阶段，没有形成完整的中华优秀传统文化启蒙教育评价体系，尤其对传统文化课程、课堂教学与人格培养的探究还没有相关成果可以借鉴，没有形成稳定的中华优秀传统文化启蒙教育的模式供教师借鉴。

基础教育阶段是人格塑造和形成的重要阶段，是接受民族文化熏陶、进行民族文化传承的重要阶段。学习优秀传统文化，对学生养成习惯、陶冶情操、熏陶人格、加强修养、开启智慧、弘扬民族文化、激发民族自豪感、增强民族凝聚力都具有重要的意义。中国传统文化中儒家文化所提出的"仁、义、礼、智、信、温、良、恭、俭、让、忠、孝、廉、耻、勇"，既总结了独立人格应具备的基本素质，有完整理论体系作为支持，同时又有丰富的社会案例佐证。以儒家文化为代表的中国传统文化，可以作为青少年德育和人格教育的优良读本，在现有教学体系中开展系统的教学实验。所以，在基础教育阶段，开展系统化的中华优秀传统文化启蒙教育，是中华民族文化伟大复兴的重要措施之一。把中华优秀传统文化启蒙教育纳入国家实验课程，其意义对内将重塑民族道德体系，对外将稳步提升国家文化软实力，并保证国家文化安全。

（二）人格教育根植于传统文化的可行性分析

实践证明，自启蒙教育阶段便实施中华优秀传统文化启蒙教育，有助于引导儿童树立正确、高尚的道德观念，并为青少年塑造正确价值取向和审美取向起到奠基作用，促进健康人格的形成。

中国传统文化的功用在于助推人格教育。如今的教育，以高考为终极目标，以应试教育为基本模式，重于术的训练，缺乏道的传解，缺乏中华优秀传统文化启蒙教育和健全人格教育。对传统文化的学习，或可在长大成人之后加以弥补，但健全人格的养成，一旦错过了黄金教育期便难有回天之力。而学生们进入社会之后，面对着利益诱惑可能会产生拜金习气，没有打好德育基础的学生会很快迷失方向。

传统文化恰好能解决这个问题。《弟子规》《三字经》《论语》中有大量对"仁、义、礼、智、信""温、良、恭、俭、让""忠、孝、廉、耻、勇"的表述和倡导，尽管有些方法胶柱鼓瑟，但不可否认的是，这些道德操守和行为规范在今天具有正面价值：仁义和孝悌可以克制情荒义疏，忠诚和守信可以克制寡廉鲜耻，礼仪和恭俭可以克制粗鄙奢靡，等等。《古文观止》中浸透着古人的世界观和美学修养，《道德经》中贯穿着老子深邃的哲学思辨……如果传统文化中温文儒雅的因子能植入当代学生的头脑，如果古文典籍中深邃的哲学思想能涵养年轻一代的心灵，如果祖辈先贤高雅的审美情趣能感染后生小子的情怀，那么他们的人生就会有别样的境界。

（三）中华优秀传统文化启蒙教育中实施人格教育研究的目的及意义

构建中国传统文化课程体系，找到文化传承与人格培养的结合点，探索出运用传统文化培养健全人格的具体途径和策略，促进学生形成与"忠孝节义"价值观相一致的良好人格，从而完善其道德、优美其人格，实现学生的阶段性、可持续性发展。

1.理论意义

根植于中国传统文化培养生人格，丰富基础教育理论内容，完善生人格培养理论。回溯历史，到古代先哲那里去汲取智慧与力量，将中华优秀传统文化与生人格培养相结合，融合优秀教育理论和方法，提升国家文化软实力，创立具有中国特色的当代人格教育理论体系和课程体系，建立民族道德体系，具有十分重要的意义。

2.实践意义

通过中华优秀传统文化进校园、进课堂，达到继承和传承中华优秀传统美德，培养学生良好的行为习惯和道德品质，形成健全人格；在传承过程中，对教师也是一种教育和熏陶，从而进一步提升教师的专业素养和师德水平；同时，学校形成良好的校风、教风和学风，办人们满意的教育。

我国有五千年悠久的文化历史，中华优秀传统文化蕴含的人与自然、人与社会、人与人关系的基本价值观，至今依然具有强大的生命力，它是中华民族的宝贵遗产和永不枯竭的教育资源。

第四节　内容概述

中华优秀传统文化即中华民族固有之学问，由经学、史学、子学、集学四部组成。经、史、子、集是中国古代图书的分类，其名最早见于中国二十四史中《隋书》中的《经籍志》，后代一直沿用，中国最大的一部丛书《四库全书》仍沿用此名。经学，即儒家经典之学；史学，即记录历史之学；子学，即六经以外之学；集学，即诗词文章之学。

以四书五经为核心所构成的经学是中华优秀传统文化之魂，它塑造了中华民族的精神，塑造了中国人的性格，建立了中华民族天人合一的宇宙观、协和万邦的世界观、自强不息的人生观、忠孝节义的价值观，代表着中华民族的价值理想；史学是中华优秀传统文化之身，它记录了中华民族灿烂的历史，经学的价值追求体现在史学记载的人事中；子学是中华优秀传统文化的经络，它反映了中华优秀传统文化的丰富性；集学是中华优秀传统文化的外貌，它展现了中华文化的优美、典雅。

一、中华优秀传统文化的概念及分类

所谓中华优秀传统文化也就是"中学",更具体而言,从狭义上讲,是指长达数千年来形成的中华文化典籍,所以"中华优秀传统文化"就是有文字记载的中华文化典籍的总称。中国是有五千年文明历史的古国,遗留给后人的文化典籍浩如烟海,在"中华优秀传统文化"发展之后,必然会出现对中华优秀传统文化的分类要求。针对现代认知水平与人格发展阶段,中华优秀传统文化启蒙教育阶段的"中华优秀传统文化"是指以儒家经典为主要内容,兼顾子学中哲学思想精髓的中国传统文化。

中华优秀传统文化启蒙教育是对儿童进行中华优秀传统文化初步的发蒙,使其具有中华优秀传统文化入门知识、修养和能力,达到童蒙养正、人格养成、开启智慧的目的。即趁童蒙心灵最纯净、记忆力最好的时候,让他们诵读最有价值的经典作品,对他们的心灵产生潜移默化的作用,渐渐开启其智慧、塑造其人格、完善其道德、优美其人格,进而培养其记忆力、认知力、表达力、社交力、自省力、创造力。

对这些文化典籍如何分类?就其历史沿革而言,大致可以做如下归类:

1. 最早的中华优秀传统文化分类,应该是孔子所编纂和施教的"六艺"。《史记·孔子世家》中提出:"孔子以六艺《诗》《书》《礼》《乐》《易》《春秋》教弟子。"这是对"中华优秀传统文化"最早的分类,所以最早的中华优秀传统文化主要是指"经学"。

2.春秋战国时期，出现了"百家争鸣"，促进了学术大繁荣。这样在"经学"之外，又出现了"子学"，诗文得到很大的发展。班固在《汉书·艺文志》中根据刘歆的"七略"，即辑略（相当于总目录）、六艺略、诸子略、诗赋略、兵书略、术数略、方技略，对中华优秀传统文化进行了分类。

3.以《四库全书》为标准的分类，将"中华优秀传统文化"概括为经、史、子、集四部。首创经、史、子、集四部分类法的是《随书·经籍志》，但将其进行整编，使其完善、系统和充实的，应当是由清代纪昀等编纂的《四库全书》。

4.从《四库全书》到"七科"之学，是清末"西学东渐"后图书分类学的新发展。清末废科举、兴学校，西学东渐，"四库之学"渐废，"七科之举"兴起。"七科之学"系指文、理、法、农、工、商、医七科，其中包含了数、理、化、文、史、哲、政、经、法、地、农、工、商等现代科学分类。

此外也有根据中华优秀传统文化的性质进行分类的，如姚鼐将中华优秀传统文化分为义理之学、考据之学、辞章学；曾国藩又增列经世之学，成为新的四分法，但都未推展开来。

二、中华优秀传统文化启蒙教育的内容安排

中华优秀传统文化启蒙教育主要体现在对古典诗文的学习，特别是文的学习，这在现有语文课本中已有较好的体现。进行中华优秀传统文

化启蒙教育，要选择浅显易懂的诗文内容，并且结合学生的年龄特征和知识水平做些解读，随着学生年龄的增长和知识水平的提高而逐步加深。

学习中华优秀传统文化，应从蒙养教材学起，同时学习诗文，包括经、史、子、集等多方面的内容，以选学为主，逐步加深和提高。也可以按照学段分为四个阶段：幼儿园阶段可以安排《千家诗》《弟子规》等蒙学；小学低年级阶段可以安排《弟子规》《三字经》《唐诗宋词》等，小学中年级阶段可以安排《声律启蒙》《千字文》《朱子家训》等，小学高年级阶段可以安排《中国古典诗词鉴赏》《论语》等；初中阶段可以安排《孟子》《大学》等；高中阶段可以安排《诗经》《中庸》《道德经》等。

三、中华优秀传统文化启蒙教育建议

在进行中华优秀传统文化启蒙教育，是一项艰巨的创造性工作。现提出以下几点建议，供教师教学参考。

（一）要树立正确的方向

1.进行爱国主义和民族自豪感的教育

中国是有五千年文明历史的古国。在五千年的进程中，我们的先辈创造了灿烂的文化，文化典籍浩如烟海。中华民族是一个勤劳勇敢、敢于改革和创造的民族，中华儿女为建设中国特色社会主义进行着创造性的工作，力争为世界的和平发展和文明进步做出贡献。所有这些，都是对学生进行爱国主义教育和树立民族自豪感的主要教育内容。

2. 树立学生修己安人的社会责任感

《大学》把教育概括为"三纲领""八条目"，以修身为本，扩而为齐家、治国、平天下。《礼记·礼运》篇中提出的"天下为公""世界大同"思想，尊老、扶幼、关心残疾和孤独群众的种种措施和行动，都成为历代仁人志士所遵循和追求的人生目标和政治思想；要与民同乐；要"先天下之忧而忧，后天下之乐而乐"；把孔子提出的"修己以安人""修己以安百姓"，作为人生的理想目标。所有这些思想都可以用来树立学生的社会责任感。

3. 推行道德教育，提高学生公民素质，加强自身的道德修养

中华经典特别是儒家的经典，几乎都可以用来进行道德教育，以提高学生的公民素质和道德修养。中国有着人文教育的传统，文与道是结合在一起的。孔子对自己的要求是"德之不修，学之不讲，闻义不能徙，不善不能改，是吾忧也"。这也是我们进行道德修养的示范。《弟子规》是清朝康熙年间秀才李毓秀根据《论语》中"学而篇"第六条的文义编纂而成。之所以今天对它特别重视，就是为了提高青少年的道德修养，提高公民素质。

（二）要尊重原著和原意，不可任意发挥和曲解

教授中华优秀传统文化常常会遇到对古文释义和解读的难题，出于

见仁见智的问题，从古至今，不乏实例。为此，就需要力求回归原意，从多方面去寻求根据，从作者的整体思想去求得解答。如孔子关于仁者"爱人"的释义：当樊迟向孔子问"仁"时，孔子简要回答是"爱人"；但孔子在他处还讲到"泛爱众，而亲仁"，说明爱是有区别的。另外，还讲到"唯仁者，能爱人，能恶人"，也说明爱是有原则的。子贡问曰："乡人皆好之，何如？"子曰："未可也。""乡人皆恶之，何如？"子曰："未可也。不如乡人之善者好之，其不善者恶之。"因为孔子对"老好人""乡愿"的批评是"德之贼也"。由此可见，儒家讲"爱"是有原则、有区别的，这同墨家所讲的"兼爱"是不尽相同的。在当时的历史条件下，儒家所讲的"爱"是可行，墨家所讲的"兼爱"是一种理想，无法全部实现。这些都可以供我们今天在讲"爱"时做参考。

以上例子说明要读懂原著，是要花功夫的，不能臆断，需要对原文做深究和全面的研讨。

对学生进行中华优秀传统文化启蒙教育，应该在现有的教学计划中做些补充，除课内进行外，应更多地利用课余时间来进行，有条件的学校可以设"校本课程"。总之，是"锦上添花"，而不是"越俎代庖"。学习中华优秀传统文化也不能代替学习西学，学文更不能取消学理，否则将得不偿失。这是培养一个全面发展的现代人的重要基础，所以要把古与今、文与理、中与外做好全面安排，打好基础。

进行中华优秀传统文化启蒙教育，还要注意培养学生的学习兴趣，防止加重学生的负担。

（三）中华优秀传统文化启蒙教育注重诵读

在中华优秀传统文化教学中，设置诵读课。在诵读中经历积累、理解、体验、感悟、创作五个层级，从而培养学生的文言语感、文章语义、文化语境、文人气宇。儿童正是学知识、长身体的时候，利用他们记忆力强的特点，加强文化教育。先背一些诗文，随着年龄的增长、知识的积累，再逐步加深理解。但要做到尽其可能结合学生实际进行讲解，以防止"呆读死记"或出现"张冠李戴"之弊。同时我们也应尽力做到正字正义，避免道听途说。

（四）学生能否学好中华优秀传统文化关键在于教师

我们介绍了经、史、子、集多方面内容，主要是供教师教学时作为参考。要使学生学懂，首先教师要懂，教师讲得有多深、多透，与教师对教材的掌握、理解和灵活运用有密切关系。在教学中，教师要注意全面掌握中华优秀传统文化的概貌，加强其中有关前后问题的串联，如在讲《千字文》中的"吊民伐罪，周发殷汤"时，可与《三字经》中的"汤伐夏，国号商""周武王，始诛纣"等联系起来讲；讲"四书"时，可将《论语》中的"修己以安人""修己以安百姓""博施于民，而能济众"与《大学》中的修身、齐家、治国、平天下，《中庸》中的治天下国家有"九经"，《孟子》中的施仁政、行王道、"民为邦本"等联系起来讲，加深学生对儒家治国安邦思想的全面掌握。另外，还可以比较的方式来讲，对儒、道、墨、法等各家做比较，对道家的老子、庄子和儒家的孟子、荀子做比较等，加深学生对问题的理解，促使他们创造性地学习。总之，教材是死的，教法是活的，"教亦多术"，教必有法，教无定法，关键在于教师的全面掌握和灵活运用。

第五节　精要解读

一、中华优秀传统文化中辩证思维的解读

中华传统文化不仅揭示了我们所处的世界是物质的世界，而且告诉了我们生活中的方法论；不仅回答了世界观的问题，而且回答了方法论的问题。这个方法论就是辩证的方法。

《易经·系辞上》中就有中国人的方法论、中国人辩证思维的总依据——"一阴一阳之谓道"。"一阴一阳"透彻地说明了辩证思维，它提出了对立统一的矛盾着的两个侧面。"一阴一阳"实际上是我们所处的空间之内对立统一着的两面，是两种客观存在着的能量，人类就生活在这样一个能量体之中。我们的祖先回答我们方法论的时候，告诉我们这个世界的能量是守恒的。

《易经·系辞下》中有这样的话："日往则月来，月往则日来，日月相推而明生焉。寒往则暑来，暑往则寒来，寒暑相推而岁成焉。"说

出了日月、四季的相替和变迁，表现了世界是运动的世界，运动是物质的固有属性和存在方式这一道理。

中华传统文化应该是刚柔并济的文化。仁、义、礼、智、信是中华人文美德，它与一阴一阳是相对的。一阴一阳就是传统文化中的"刚、强、勇、毅、新"。

刚，是阳刚的刚，是中国人强大的生存意志。刚，这种不可动摇、不动如山的强大的生存意志，每个人身上都应该有这样的品格。

强，讲的是精神状态，精气神昂扬向上的每一天。《礼记·中庸》中孔子和子路的一段对话，专门讲的是强。"子曰：'南方之强与？北方之强与？抑而强与？宽柔以教，不报无道，南方之强也，君子居之。衽金革，死而不厌，北方之强也，而强者居之。故君子和而不流，强哉矫！中立而不倚，强哉矫！国有道，不变塞焉，强哉矫！国无道，至死不变，强哉矫！'"《道德经》中更是有一个十分精辟的结论："心使气曰强。"讲的就是人的精气神。

勇，勇敢、勇气。《论语·宪问》有云："君子道者三，我无能焉：仁者不忧，知者不惑，勇者不惧。"

毅，是坚毅、刚毅。《说文解字》讲："志果曰毅。"毅，就是我们做事情所要达到成功的目标时所坚持的过程。可见，毅对于每个人来说有多么重要。

新，趋时变化。汤之《盘铭》曰："苟日新，日日新，又日新。"《诗经·大雅》开篇中也有"周虽旧邦，其命维新，君子无所不用其极"。"新"实质上最重要的解读应当是《易经·系辞下》所讲的七个字："变通者，趋时者也。"去适应变化了的情况所做出的人生价值选择就是"新"。"新"是客观实际发生变化，随着时代的变化而变化，与时俱进。

"刚、强、勇、毅、新"，用这些阳刚之气和"仁、义、礼、智、信"相衔接，共同构成我们中华民族刚柔并济的品格。《易经·系辞下》中提了人生重要的活法："刚柔者，立本者也。"人只有兼备刚柔两种品格，才能有立身处世的能力。

二、中华优秀传统文化中中庸至德的解读

《礼记·中庸》指出："喜怒哀乐之未发，谓之中；发而皆中节，谓之和。"就是说心里有喜怒哀乐表现出来，节制地被称作和。《中庸》开篇讲的三个哲学判断，也可以说是三大哲学命题，即"天命之谓性，率性之谓道，修道之谓教"。我们有了这三大哲学命题，才有了"发而皆中节"，才有了心中的是与非。《中庸》告诉我们做事要恰当，我们的人生就不会出错，言行是正确的，就能避免我们犯错误；少犯错误就可以使我们少遇坎坷，少遇坎坷就可以使我们更加顺利，进而就可以使我们人生顺利、成功。中庸是一个需要终身修炼的课题。"天下国家可均也，爵禄可辞也，白刃可蹈也，中庸不可能也。"说的是天下国家是可以治理的，官爵俸禄是可以辞让的，锋利的刀刃是可以践踏而过的，

但中庸却是不容易做到的。这句话正是说明了做到中庸的不易，需要我们一生来修行。

三、中华优秀传统文化中大公理念的解读

"大道之行也，天下为公"，这句话大家都很熟悉。"天下为公"不仅仅是我们中国人的一种理想追求、我们的高贵品格，也是我们中国人的生存智慧。

《易经》也教给我们一个人为什么要大公以及大公的方法。《易经》六十四卦当中有一卦叫困卦，泽水困。它告诉我们人像水一样，不能以水滴的形态而存在，而是所有的水滴汇集起来，形成溪流，并有大江大河的不断滋养，才能够一直存在。我们今天强调爱国主义是时代的主旋律，爱国主义实际上就是全体中国人，都凝结在中华民族这样一个旗帜之下，形成一股力量，即中国力量。这种力量就是个人生存的支撑，即"我为人人，人人为我"。

四、中华优秀传统文化中六合同风的解读

"六合"这个词用得比较少，它是一个空间的表述，指的就是上下与四方。《易经》揭示了中国人的思维不是线性思维，是以"六合"这个空间为维度，上下四方都是思维的空间。按照六合文化的概念，可以把思维做得很宽。

《易经·系辞下》有这样一段话："《易》之为书也！不可远，为道也屡迁，变动不居，周流六虚，上下无常，刚柔相易，不可为典要，唯变所适。"讲的是这个客观世界的阴阳之气是流淌在天地之间的，这本就是大自然的存在方式。人作为大自然的一员，其思维就应当以天地这样一个六合状态为宽度，不应当是从小就学习的简单的形式逻辑模式。所以，我们学习传统文化的时候，希望学生可以理解中国人的思维宽度之大、深度之深。

只有把"六合"的思维建立起来，每一个人才能跟上时代步伐。当我们只有把自己的思维向度以"六合"为标准的时候，心胸才能非常博大，视野才能非常宽阔。对《论语》中的"君子不器"，《易经》解说为"形而上者谓之道，形而下者谓之器"。不器，就是要摆脱具体化、具象化对一个人的束缚，时时提醒自己不要被一个具体的东西、一个局限性困住，使自己时时都能够从局限、有限而达于无限。《论语》中有："人之过也，各于其党。观过，斯知仁矣。"人为什么有错误，就是因为有局限性，局限性越多，思维出现的问题就越多，行为出现的错误就会越多。所以我们的人生要打破局限，就要打破思想上的局限性，达到"六合"的状态。

五、中华优秀传统文化中人性追求的解读

孔子的"仁"是儒家思想的核心，《中庸》说"仁者人也"，我们可以把孔子的思想核心"仁"理解为人性，把人性作为人生本位，当成

这样一种文化来传承。老子在《道德经》中说："不失其所者久，死而不亡者寿。"大意是讲任何事物如果离开了它的性质，它的性质一旦发生变化，这个事物就不复存在。《道德经》中还有"天网恢恢，疏而不失"，这是人性的光辉，积善得善，积恶得恶，积善得好报，积恶有余殃，在文化传承的过程中一定要讲给学生。

"勿以恶小而为之，勿以善小而不为"，这是《三国志·蜀书·先主传》里面的话。《易经·系辞下》有"小人以小善为无益而弗为也，以小恶为无伤而弗去也"。小善不可为、小恶不肯改的后果就是人性移位，本来可以得到平安却得到了祸殃。我们学习要依托本性传统文化，用道义这面旗帜把唯利是图、一切向钱看的"恶"铲除出去，赶出人性之外。

六、中华优秀传统文化中顺势而为的解读

《道德经》共八十一章，洋洋洒洒五千多字，告诉我们最重要的道理就是人应该顺势而为，顺应天地运行规则来安排人生。

《荀子·劝学》有言："吾尝终日而思矣，不如须臾之所学也；吾尝跂而望矣，不如登高之博见也。登高而招，臂非加长也，而见者远；顺风而呼，声非加疾也，而闻者彰。假舆马者，非利足也，而致千里；假舟楫者，非能水也，而绝江河。君子生非异也，善假于物也。"这是荀子教我们的思想，叫作乘风而行，让孩子从小就要掌握这样的生存能力。

七、中华优秀传统文化中慎惧忧谦的解读

第一个是"慎"，慎重的慎。人要想保全自己必须懂得谨慎。《易经·系辞上》有一段话："初六，藉用白茅，无咎。"子曰："苟错诸地而可矣，藉之用茅，何咎之有？慎之至也。夫茅之为物薄，而用可重也。慎斯术也，以往其无所失矣。"就是告诫我们做事要慎重、谨慎。

第二个是"惧"，恐惧的惧。《论语·泰伯》云：曾子有疾，召门弟子曰："启予足，启予手。诗云：'战战兢兢，如临深渊，如履薄冰。'而今而后，吾知免夫！小子！"其中"战战兢兢，如临深渊，如履薄冰"是保全的态度；"而今而后，吾知免夫"，是曾子在他临终时嘱咐弟子，人生要懂得恐惧才能避免少出现麻烦，避免人生少出现挫折。

第三个是"忧"，忧患的忧。人要常怀忧患之心。《易经·系辞下》有这样一段话："君子安而不忘危，存而不忘亡，治而不忘乱，是以身安而国家可保也。"能做到这几点，就可以身安，全民族做到这几点，就可以国安，身安、国安，国家可保。

最后一个是"谦"，谦虚的谦。《易经》六十四卦当中，"谦"卦是一卦——地山谦，就是把山放在地底下。孔子认为"劳而不伐，有功而不德，厚之至也"，叫"谦"。

第六节　发展定位

振兴中华优秀传统文化，加强与世界文明的交流，有助于打破西方话语的垄断，使世界文明趋于多元化。对于教育来说，振兴中华优秀传统文化可以使中国目前的教育体制打破西方学科体制的一统天下，使中华优秀传统文化启蒙教育与西学教育互相补充，互相促进；使中华优秀传统文化资源转化为人才培养的成果。这是实现文化多元化，建立和谐世界的重要标志。

现在我们通用的学术分科源于晚清。当时经世学风兴起，西学开始在中国传播，既冲击了传统学术，也冲击了旧式书院教育体制，使中国传统的"四部之学"逐渐被"七科之学"所替代，旧的书院制度也开始向现代学校制度转型。这种转型到 20 世纪初大致成形，到五四运动时期基本确立，在 20 世纪 30 年代最终完成并一直延续到今天。

由此可见，中国现代学术分科的日益专门化到最后定型为"七科之学"，经历了一个长期演化的过程。正是在这个过程中，中国现代意义上的自然科学各学科门类（数学、物理学、化学、地理学、地质学、动物学、植物学等）及人文社会科学各学科门类（文艺学、历史学、哲学、政治学、经济学、社会学、法学、伦理学、逻辑学等）相继创立。这些学科门类主要是通过"移植"和"转化"而来。"一阖一辟谓之变，往来不穷谓之通"，文明的发展与演变既有变易的一面，更有相通的一面，片面强调其中的一面都有悖于和谐中庸的精神。当代中国的发展既不能复古，更不能割裂传统。

民族精神的培育离不开传统文化精华的滋养，中华民族的伟大复兴更不能离开五千年文明的源头。中国在快速进入现代化的同时，受西方学术文化和教育体制的冲击较大。正确评估中华优秀传统文化，善待中华优秀传统文化，实际上关系到自近代以来我们对于中外文化正确处置的问题。这是中国现代化建立在什么样的文化基础上的宏观战略问题。有鉴于此，中华优秀传统文化的呼唤可谓适逢其时。

第六章　中华优秀传统文化传承实践

第一节　在当代管理方面的应用

一、优秀传统文化与企业经营管理

组织行为学认为，只要有人存在的地方必定有文化的存在。特别是对于具有组织性与纪律性的企业而言更是如此，一个有文化的企业不仅能够强化团队建设，同时对外可以展示出良好的企业形象，相反，没有文化的企业则如同一盘散沙，没有丝毫的竞争力。这也是国内外众多大型优秀企业都格外重视企业文化建设的根本原因，可以说没有企业文化，企业就难以长远发展，更不能够建立起现代化的企业组织。传统文化为企业文化的建设工作提供了一定的营养，特别是优秀传统文化部分更是为其提供了人文管理思想，成为现代化企业进行企业文化建设的重要源泉。

（一）人本精神与企业忠诚文化建设

市场中，企业之间的竞争简言之就是人才的竞争，当下伴随着知识经济的到来，人才已然成为最为宝贵的资源。对于现代企业的发展而言，拥有高水平的人才团队直接关系到企业的存亡，因此重视人力资源管理已成为企业进行文化建设的首要工作。企业文化理论在本质上是倡导以人为中心的人本管理哲学。从企业文化角度看，企业一切经营管理活动都应以人为中心，对内实现员工精诚团结，对外谋求社会和谐发展。中国古代人文思想博大精深，对企业文化建设具有重要借鉴价值和应用意义。主要体现在：一是高度重视人的价值与作用。以儒学为主干的传统文化高扬人的主体性，充分肯定人的价值。这种以人为本的观念要求企业文化建设应坚持以人为中心，摒弃见"物"不见"人"的落后观念，充分调动每一位员工的积极性、创造性，使其认识到自己的价值和使命，激发其荣誉感和责任感，形成企业员工有效配置的合力。二是努力满足员工的合理欲望和需求。传统文化有着丰富的人性论思想，许多思想家都认为欲望是人性的正当需求，统治者应尽量满足人的欲望。在此基础上，古人还认为"水不激不跃，人不激不奋"，提出系统的激励措施，比如情感激励、表率激励、奖惩激励、荣誉激励，等等。这些思想要求企业文化建设要承认个人欲望的合理性以及需求的差异性，注重通过有效的激励机制和激励措施，调动员工积极性和创造性。三是充分尊重员工尊严与人格。现代社会中文明开化程度加深，企业个体更为注重自身价值的发掘与实现,因此更为珍惜人格与尊严,员工也渴望在企业中获得认可,赢得尊重。正如儒家文化所倡导的仁者爱人,对于企业管理者而言就应当心怀仁爱之心,强化同员工之间的交流沟通,培育情感,从而加深员工对企业的归属感与忠诚度,同时还能够激发员工的个人潜能,为企业的业绩提升做好准备。

(二)中和之道与企业和谐文化建设

企业管理的本质在于能够在内外经营管理过程中始终营造一种和谐融洽的氛围,这对于企业的长远发展来说是十分重要的。中华传统文化重视中和之道,其中儒家理论的中庸之道最为经典,以"和"为天下大道,形成了丰富的和谐文化,不仅将和谐作为一种理想的状态,而且将其作为待人处世的方法原则,对于培养健全人格、协调人际关系有积极意义。

首先,弘扬中庸至德,促进企业内部和谐融洽。和谐融洽的人际关系,能够凝聚员工意志形成合力,减少企业内耗,激励员工同心同德,共同为企业努力工作。在企业文化建设中要将"人和"看作事业成功的重要保障,强调"天时不如地利,地利不如人和",以"和为贵"作为处理人际关系的价值取向,以"中庸"之道作为处理人际关系的基本准则,在工作生活中提倡无过无不及、反对走极端、重视和谐人际关系等。其次,汲取和谐智慧,促进企业与外部环境和平共处。企业也是社会整体的一部分,企业的生存与发展离不开所处的社会环境,其经营好坏与企业的社会环境、市场环境、资源环境等外部生态息息相关。传统和谐文化将人自身、人与人、人与社会、人与自然视为一个有机整体，各部分之间都相即不离、和谐共生。借鉴传统和谐文化，要在企业与外部环境之间建立一种和谐、有序、畅通的关系，在企业与社会关系方面，企业要坚持经济效益与社会效益相统一，既要赚取利润，也要勇于承担社会责任；在企业与生态环境关系方面，要坚持人与自然相统一，正确处理经济发展与生态保护的关系。最后，树立和而不同理念，辩证处理企业发展中遇到的实际问题。企业在经营管理中，对内面对着数量不一的员工队伍的管理，对外面对着激烈的市场竞争，会遇到各种各样的实际问题，如何处理这些内外交织的矛盾，传统和谐文化能够提供有益启示。中和之道不仅仅是个人身心与企业内外关系的和谐，同时还是一种思维与处世方式，不能够走极端。企业只有秉承中和之道，构建和谐企业文化才能够在处理实际问题的时候刚柔并济、严宽相辅，更好地促进企业的管理与发展。

（三）诚信精神与企业契约精神文化建设

社会主义市场经济体制要求当下企业经营务必遵循诚实守信的基本原则，诚信精神也成为经济市场中不可或缺的一种良好价值观念，成为企业树立良好口碑与长远可持续发展的不竭动力。内诚外信，是每个企业的立业之本，在以契约为纽带的市场经济活动中，企业离开了诚信就会寸步难行，最终难逃被淘汰的命运。因此，对企业而言，诚信是一笔关系企业生死存亡的重要的无形资产。企业要谋求长远发展，必须在企业文化中凸显诚信价值追求，打造诚信经营的企业形象。如前所述，传统文化把诚信作为基本道德规范之一，认为诚信不仅对于个人立身、社会秩序和治国理政具有重要意义，而且体现于经济活动之中，是商业道德最基本的内容。企业在文化建设过程中就应当树立诚信理念，倡导诚信道德规范，积极弘扬中华民族优良传统与诚信文化，同社会主义市场经济发展大潮相契合，构建现代市场经济的契约精神，从而形成崇尚与践行诚信的良好道德风尚，体现在行为上就是要秉承"客户至上，诚信经营"的运营理念，重视产品品质，重视客户体验与整体服务，同客户建立良好的合作关系，这样企业才能够充分赢得客户的信任，获得更为宽广的发展空间。

（四）伦理价值与企业制度文化建设

现代企业要想实现高效有序运转，自然离不开规章管理制度的约束。这也是由于伦理具有自律自觉的特点，因此依靠自我约束远远要比外力干预效果要理想，从而能够使得被管理者"心悦而诚服"（《孟子·公孙丑上》），因而深受儒家推崇，将其视为管理之根本。在儒家看来，管理的本质就是"修己安人"，主要是指领导者通过道德修养成为道德表率，然后在日常生活中通过言传身教以潜移默化、润物无声的方式影响、同化被管理者，从而达到"安人"的目的，实现管理目标。这一思想对构建现代企业文化具有积极作用。一方面，要重视管理者个人道德修养。儒家管理思想认为，"正人必先正己"，管理者道德素质的高低决定着管理的成败，因此强调修身是管理的起点。管理者要加强自身修养，不断提高道德水平，通过自身的表率作用，创造出人人自觉遵守的制度文化。另一方面，要重视提高企业员工整体道德素质。要想发挥伦理在企业管理中的作用，在发挥企业领导模范带头作用的同时还要营造良好的企业道德大环境，强化企业的德育建设，弘扬中华民族的传统美德与现代优秀的社会公德，融入职业道德管理教育过程中，最终培育企业员工优秀的价值观。还可以发挥企业道德榜样示范作用，构建激励约束机制，对于企业中优秀道德模范进行奖励，对员工管理予以正向引导，从而培育企业员工的企业凝聚力。

第二节　在当代教育方面的应用

一、中华优秀传统文化教育的内涵

教育与文化是相辅相成的关系，教育促进了文化的升级与发展，而文化的优化则有助于教育的进一步推广与深化。正因为文化传统作为民族难以拒绝的历史传承，因此直接决定了文化传统成为实现教育活动的基础与前提。教育唯有继承文化传统才能够得以延续，当下弘扬中华优秀的传统文化成为开展现代化教育的重要内容。文化正是通过教育传播到社会个体及群体当中，形成特定的心理倾向、思维习惯、审美意识和道德观念等等，并逐步积淀下来，凝聚为传统。中华优秀的传统文化通过教育方式影响着数代人，依托教育，传统文化得以延续和普及，并实现了文化的创新。

中华传统文化同传统教育活动是相伴而生的，中国传统教育是在中华传统文化的大熔炉中铸造出来的，是中华民族长期形成的、已定型的教育遗产，是已经成为实际的教育历史实体，是中华民族文明进化过程的教育渊源。无论是中国传统教育、近代教育还是现代教育，都注重对中华优秀传统文化的传承。中华优秀传统文化教育，就是以中华优秀传统文化为主体内容的教育。中华优秀传统文化教育内容庞杂，体系庞大，其中儒家的思想体系成为中华优秀传统文化教育的主流。

二、培育民族精神的内涵

一个民族传统文化的历史积淀与精华所在就形成了民族精神，民族精神并非是固定不变的，也不是一蹴而就的。中华优秀传统文化的教育不单纯是文化知识的传播，更重要的是根据时代发展的要求，凭借崇高的理想、坚定的信念与不断拓展民族精神的内涵，逐步建立起与社会主义市场经济相适应了与社会主义法律相协调、与中华民族传统美德相承接的当代中华民族精神。弘扬中华优秀民族精神的同时还要充分结合当下时代发展的需求，这样才能够为传统民族精神注入新的活力，实现优秀民族精神的与时俱进。

民族精神唯有与时俱进，方可以适应不断变化的社会，才能够迎接新世纪与全球化的挑战，见贤思齐焉，见不贤而内自省也的精神永远都不会落后。民族精神的新发展，需要新的系统的核心理念作支持。要用先进文化来支撑当代中华民族精神的结构体系，树立正确的世界观、人生观和价值观，坚定信仰和信念，增强自立意识、竞争意识、效率意识、民主法治意识和开拓创新意识等，这正是我们民族精神的发展蓝图。民族精神的培育工作是一项长期的、不能够中断的工作，唯有在传统文化中汲取精华、摒弃糟粕，才能够继承并发扬优秀传统文化，为民族精神的培育提供精神食粮。

三、中华优秀传统文化教育与民族精神培育的内在联系

中华优秀传统文化教育同民族精神培育工作是相辅相成、缺一不可的。中华优秀传统文化是经过几千年历史发展积淀下来的文化遗产，博大精深、源远流长，凝聚中华民族共同的文化心理、价值取向和民族精神。它在促进民族团结、融合、统一和发展中所起的巨大凝聚作用是无与伦比的。民族精神并非孤立地存在着，而是渗透在我们民族的优秀文化之中，并通过优秀文化的传播而不断发扬光大。我们的民族精神，具体地体现在以儒家思想为主流的中华民族特有的政治、教育和伦理道德之中，体现在"富贵不能淫，贫贱不能移，威武不能屈"的民族性格之中，体现

在固守优良传统而又勇于革新、自强不息的变革精神之中，体现在追求美好的"大同"世界的理想之中；体现在多言数穷，不如守中的辩证哲学思想之中。中华民族五千年源远流长的灿烂文化，是我们培育新时代民族精神的历史出发点。抛开中华优秀传统文化，也就等于抛开了中华民族的民族精神，最终将会导致民族精神的滑坡。因此，我们可以把优秀的民族文化称作民族精神的"载体"。优秀传统文化中蕴含着民族精神，而民族精神又为优秀传统文化的延续与发展提供精神动力，可以说当下继承中华优秀传统文化最重要的渠道就是民族精神的培育。

正是由于中华优秀传统文化的教育，才实现了大众思想道德修养的逐步提升，从而为培育良好的民族精神提供了不竭的文化动力。同时，民族精神的培育对提高人们的思想道德素质具有决定性作用，传统文化教育的成效要靠民族精神的培育来检验。一方面，要立足于民族精神的培育，突出抓好优秀传统文化教育。民族精神的培育离不开对优秀传统文化的深刻理解与把握，离不开民族自尊心和自豪感的树立与增强。而这些不是人们生而知之的，必须通过教育来实现。深入持久的中华优秀传统文化的教育，可以使人们全面了解中华民族自强不息、百折不挠的发展历程；充分认识中华民族对人类文明做出的卓越贡献，进而引导和帮助人们全面地把握民族精神的实质，不断增强参与民族精神培育的主动性、自觉性。另一方面，积极推动民族精神培育，借此来深化优秀传统文化教育。围绕民族精神培育过程中迫切需要解决的问题，创造新的教育形式，实现寓教于乐的新形式，从而在陶冶大众情操的同时培育自身的素养，为优秀传统文化的教育注入时代感与实效性。

第三节　在社交与法治方面的应用

一、中华传统文化在现代社交的应用

人作为社交群居动物在千年发展过程中形成了独特的社交礼仪，特别是中华上下五千年文明中，中华传统文化对人们社会交往行为产生了各种影响。中国素来是礼仪之邦，和谐社交自然是传统文化社交的规范，这对于现代社会交往礼仪同样有着积极的影响。

高扬"仁者爱人"价值追求的儒学倡导"和为贵"，重视建立融通的人际交往、和谐的社会关系、"人和"的社会环境，以实现有序的社会秩序。儒家一直强调建立和谐人际关系的重要性，提出"天时不如地利，地利不如人和"（《孟子·公孙丑下》），认为人之所以"最为天下贵"是因为人能"和"，而"和则一，一则多力，多力则强，强则胜物"（《荀子·王制》）。因此，儒家主张做人要宽厚处世、协和人我，把"和"作为理想人格的重要内容。为了实现"人和"，儒家提出在处理人与人之间关系时要遵循仁爱原则，要自觉关心他人。"仁"是儒家道德的核心，也是最高准则，坚持仁爱原则就是要严于律己，宽以待人，与人为善，

推己及人。儒家倡导的"人和"不是无原则的一团和气，而是要遵循"和而不同"原则。孔子说："君子和而不同，小人同而不和。"（《论语·子路》）又说"君子矜而不争，群而不党"（《论语·卫灵公》）。这就是说，一个有道德的人应该是保持和谐而不结党营私，善于团结别人而不搞小团体。和谐的社交主题对于当下人们的个人社交以及构建和谐社会具有深远的教育意义，唯有坚持人和方是人与人社交的正确之道。

中国道家同样重视社交的和谐，提出了人人应当和谐友爱，社会才能够太平安定的思想，主张无为而治、无为不争的处世态度。道家崇尚谦虚大度、柔善仁慈、为而不争之德。对待别人要"善者，吾善之；不善者，吾亦善之""信者，吾信之，不信者，吾亦信之"（《老子》第四十九章）。主张用这种虚怀若谷的大善、大信去感化别人，使不善者、不信者得以转化提升。老子反对锋芒毕露、咄咄逼人的处世态度，提倡"无为天下先"、崇尚"不争"之德。他说："上善若水。水善利万物而不争，处众人之所恶，故几于道。居善地，心善渊，与善仁，言善信，政善治，事善能，动善时。夫唯不争，故无尤。"（《老子》第八章）正是这种与世无争的平和处世态度才使得道家思想得以备受推崇，这也为当下现代人如何进行人际社交提供了思想借鉴。

当下，构建社会主义和谐社会成为发展大方向，首先就要协调好社会个体之间的人际关系，从而在全社会中形成友爱和谐、互相帮助、平等共进的现代化人际社交关系。仁爱是中华优秀传统文化的精华，是实现人与人之间关系和谐的基础，要把仁爱精神由对待亲人推广到所有人，使之成为构建社会主义和谐社会的道德支撑。诚信是传统伦理道德的根本，在传统文化中，蕴含诚信内涵的"一言九鼎""一诺千金"等格言一直是备受推崇的行为准则和道德规范，要大力弘扬诚信美德，在全社会树立诚信为本、守信光荣、失信可耻的诚信意识和道德观念。重视宽容心与理解信任的社交精神，倡导宽以待人，营造平等自由和谐的社会氛围，从而为促进人人之间的和谐交往、构建和谐社会打造坚实的基础。

二、传统文化与民主法治建设

（一）法治思想与法律体系

法家的主要代表人物就是韩非子，他提出国家要想实现法治必须先有法，"世未有法而长治久安者矣"（《韩非子·五蠹》）法国者，圆不失规，方不失矩，本不失末，为政不失其道，万事可成，其功可保。韩非子不仅重视国家立法工作，还提出了应当建立成文法的规定，这样才能够做到"明白易知"，将"法律布之于百姓"，使人人知所避就。此外，韩非子还认为法律的制定应当充分结合国家实际情况，并且要根据时代的发展变化随时进行修订。同样，"不以规矩，不能成方圆"，当今依法治国首先也要有法。还要根据改革发展的新情况及时修改现行法律，进一步健全完善法律体系。唯有不断提高立法质量，确保法律体系的健全与科学，才能够发挥其实效性，才能够为国家和社会大众所服务，从而切实维护人民的根本利益。

（二）传统法治与现代法律实施

优化法治环境，就要树立法律信仰，确立法大于权、法律面前人人平等的观念，养成全民自觉守法意识，加强法律实施，就要坚决打击有法不依、执法不严、违法不究等突出现象，推进科学立法、严格执法、公正司法、全民守法，切实解决执行难等问题，逐步实现从"法律体系"到"法治体系"的转变、从"法律大国"向"法治强国"的跨越。

（三）古今法律监督制度

中国古代的统治者对于法律监管工作十分重视，目的就是"纠察官邪，肃正朝纲"，实现国家司法管理活动的规范化，避免法治流于形式。例如秦汉至唐宋时期的御史台、明清的都察院，都是中国古代监察的专职机关，主要是对行政管理和司法管理执行监督管理的职权。古代的法律监督，是国家法制体系中的一种自我调节、自我约束机制，为治官安民、促进法律统一执行、防止和减少司法舞弊发挥了应有作用。实践证明，没有健全的法律和制度来监督保障法律的实施，即使决心再大、法律再全、措施再好，也难以保证执法者严格执法。因此，必须加强对各种执法行为进行有效监督，形成系统严密的监督网络。要把权力关进制度的笼子里，"加强党内监督、民主监督、法律监督、舆论监督，让人民监督权力，让权力在阳光下运行"；要"严格规范权力行使，加强对领导干部特别是主要领导干部行使权力的监督"；要"健全权力运行制约和监督体系，有权必有责，用权受监督，失职要问责，违法要追究"。

（四）传统文化与法治意识

依法治国要想得以深化开展，其基础与关键就在于社会公民的法治意识，正如法国的卢梭所言，一切法律之中最重要的法律既不是刻在大理石上，也不是刻在铜表上，而是铭刻在公民的内心里。这充分说明了培育公民法治意识的重要性。培育公民法治意识，不仅要让公民"知法、守法"，更要让公民"懂法、用法"，让每位公民在内心深处确立法治理念，使其充分相信法律、自觉遵守法律。从公民法律意识的内在要求来说，传统法治文化与现代法律观念之间颇多杆格，相冲突的部分必须纠正和重构。

比如在权与法的关系上，古代皇权至上，权大于法，在德与法的关系上，德为治国之本，法为德之补充；在司法实践中，忌讼贱法，法律处于很低的地位。在这种观念背景下，法律缺乏应有的精神支撑，成为消极被动的规范。从现代法治角度看，这种陈旧的法律观念必须得到纠正，要在全体人民中树立主体观念和公民观念、权利和义务观念、平等与法治观念等，以增强公民法律意识。同时，优秀传统文化中的榜样道德教化作用，通过知情意行并重的方式开展也不失为增强公民法律意识的有效方式之一。

第四节　在科技与文化产业方面的应用

一、中华传统文化在科技的应用

（一）治学态度在科技创新的应用

科举考试制度在中国存在了上千年的历史，科考重视对知识的记忆，从而塑造了中国人脚踏实地的严谨治学态度，重视知识的积累与转化，从而为科技的发展与社会的进步提供了坚实的基础。"不积跬步，无以至千里""千里之行，始于足下""冰冻三尺，非一日之寒""天行健，君子以自强不息"等励志格言正是激励广大学子扎扎实实、一步一个脚印地去学习的生动写照。这种学习态度也造就了中国人学习非常勤奋的特点，这对科技创新来说也是有非常积极的意义的。从世界科技史中我们亦能看到，科学上的重大发现、技术上的重大发明都是由脚踏实地做学问、做实验的人做出来的。"机会总是偏爱有准备的头脑"，勤奋的中国人，做好了充分的准备来迎接机会。

此外，中华传统文化中对于学问的谦逊态度是值得借鉴的，从善如登，从恶如崩，不骄不躁，谦虚谨慎，从而不断进取。谦虚的美德在中国人心中刻下了深深的烙印。科研组织中成员之间如果都具备这种美德，有利于组织内部的团结，将减少由于介入同事之间纷繁复杂的人际关系而导致的精力损耗。同时，谦虚的态度还容易培养科技工作者小心谨慎的处世态度。在现在的大科学时代，这种小心谨慎的态度，在进行像制造精密仪器等要求细心的工作方面具有先天的优势。另外，谦虚的治学态度使得学者深知自己的不足，从而更能积极地投身于求学之中。"学无止境"就是拥有这种谦虚的治学态度的人求学路上的心理反应。

中华传统文化中对于悟的推崇，也是有助于国人形成较强的抽象思维能力的，从而大大推动了物理学科以及数学等基础科学的发展，进而为新中国的现代化建设提供了学科保障。事实上，对数学来说，在1900年，中国几乎还没有人懂得微积分，中国第一所大学—京师大学堂也没有开设这门课程。1925年，才有少数的大学开设微积分，像清华大学也是大约在1926到1927年之间才正式成立数学系。但是到1938年时，西南联大的数学教学水平已经达到世界先进水平。中国的第一个现代数学研究机构——中研院数学研究所是1947年才成立，但那时就开始开拓纯数学研究了。华罗庚任首任所长的中国科学院数学研究所在1952年成立后，就开始积极进入世界数学先进领域，到20世纪80年代，中国已经能够在世界数学前沿领域占据一定位置了。同样，对于当代物理学研究来说，中国科学院理论物理研究所的一大批物理学家，在混沌现象、凝聚态理论、场论、粒子物理等当前国际上最活跃、竞争最强的前沿领域，均取得了具有国际先进水平的研究成果。而这些成绩的取得，在一定意义上正是中华传统文化中推崇"悟"的结果。

（二）凝聚力文化在科技创新的应用

中华优秀传统文化中一个重要的功能就是民族凝聚力的功能。作为一个统一的多民族国家，中华优秀传统文化博大精深，源远流长，历经千年发展跨越了种族、地域以及时代的界限，从而使中华儿女紧紧凝聚在一起。新中国的长远发展也成为华夏各民族儿女的奋斗使命，自西周以来，作为一种理性自觉，大一统观念便深深地扎根于中国人的心中，"《春秋》大一统"是人人皆知的名言。作为中国传统精英文化主流的诸子百家学说，尽管各是其说，有的甚至形同水火，但在国家统一、民族融合、使天下"定于一"的思想方向上，却有共识，可谓相反相成。这种政治上的大一统观念，实际上是天人合一、以和为贵的民族文化精神熏陶的结果，是它的折射。不仅如此，"天下一家""民胞物与""四海之内皆兄弟"的观念，还成为凝聚全社会的精神力量。这种大一统观念，经过儒法两家从不同思维路向的论证，特别是经过秦汉时期封建大一统国家的建立而带来的民族融合、共同发展的历史事件，逐渐转化为民族文化深层社会心理的结构。这种心理结构使得在当代中国科技组织中很容易形成强大的凝聚力。从而使得科研人员容易保持一致，便于大规模的科研协作活动的开展。当下大科学时代里，唯有团结一心，服从党的领导，才能够确保科技的不断发展与社会的不断进步，整个民族的竞争力才愈发增强。

（三）轻利思想在科技创新中的应用

中国传统伦理道德中对于义利关系进行了阐述说明，提出了轻利重义思想，重视民族发展的大义，将个人利益放在次要的位置，正如那句"苟利国家生死以，岂因祸福避趋之"。正是这种轻利思想鼓舞着无数的仁人志士全身心投入到国家与民族的伟大复兴使命中来。鲁迅先生曾把那些埋头苦干、拼命硬干、为民请命、舍生求法的人称为我们民族的脊梁。这些观念体现在我国传统文化中强调抑制本能、克制欲望的"轻利"思想。他们有利于培养勇于坐"冷板凳"、默默无闻的科学家。众所周知，科技前沿领域的探索充满艰辛，随时都与失败相伴，若没有默默无闻做研究的精神，很难在科技前沿领域取得成就。

这里的轻利并非是对于任何物质利益都没有要求，而是对于外部的不良诱惑进行抵制，不能够因为糖衣炮弹而偏离正当的工作或者心生不良心思，这些都不是轻利行为的表现。在市场经济的今天，我们有必要挖掘中华传统文化中的这种"轻利"的思想，使广大学者抵制住外界的诱惑，认认真真地搞科学研究。"衣带渐宽终不悔，为伊消得人憔悴"似的甘于寂寞、无怨无悔的精神，正是现时代我们需要在科技组织中大力提倡的科研精神。

中华优秀传统文化中的轻利思想对于我国当下科学技术的发展进步产生了积极的影响，这也是优秀传统文化现代化的一种尝试与实践。只有不断创新与传承，传统文化经过改造之后才能够重新焕发活力，才能够推动社会的发展与进步，为实现中华民族的伟大复兴提供动力。

二、中华传统文化在文化产业方面的应用

传统文化能够为文化产业的发展提供丰富资源，没有对传统文化的开发利用，文化产业就是无源之水、无本之木。有效开发和利用传统文化资源，促进文化产业发展，实现经济发展方式转变，是文化建设面临的重大课题。

（一）传统文化是文化产业的发展根基

国家要想开展文化事业建设自然不能够脱离本民族的优秀传统文化，同样文化产业要想深入发展也是需要优秀传统文化的支持。当下的文化产品消费是一种精神消费，文化产品中所渗透的理念为大众所认可、赞同，才能够备受欢迎，才具有市场竞争力。而传统文化正是文化产业特别是创意产业确立自身文化标识的根本所在。对内来说，带有地域特色的传统文化可以使文化创意者寻找差异、发掘个性、找准定位，对外来说，传统文化可以表明民族文化的国际身份。虽然文化也经受着全球一体化的冲击，但事实上英国的文化产业不同于美国的，美国的文化产业又不同于日本的，都体现出独特的民族气质，深深地打上了民族的烙印，归根结底都得益于这些国家对本民族文化的传承利用。正如文化传播学者梅特·希约特所说，只有当我们以自己的特色展现自己时，我们才可望得到别人的认同。面对激烈的市场竞争，文化产品和服务本身越来

难以带来竞争优势，而我国文化科技又没有在国际上引领潮流，只有利用传统文化资源为文化产品赋予独特的符号价值，才能使文化产业在国际竞争中占据一席之地。我国传统文化资源极其丰富，能给文化产品符号价值的生产提供原料，并因其不可复制而呈现独一无二，可成为发展文化产业的重要文化资本。这是我国发展文化产业的优势所在。正如鲁迅所说："有地方色彩的，倒容易成为世界的。"因此，"我们应该回到我们的根上，回到我们文化的根基与原点上。回到我们的母体文化中。只有在那里，才能找到我们鲜明的文化个性，我们的文化血性，以及骄傲和自尊的依据"。事实上，近年来我国也不乏由于从民族文化中汲取营养而获得成功的文化作品，如一些电影将京剧、方言和旧式澡堂等民族文化元素融入文化生产中，提升了文化产品的国际竞争力。但是上下五千年的中华文明中还有很多有待开发的优秀传统文化，如少数民族的文化以及民间技艺等，只有借助现代化的手段实现其传承与创新，才能够确保中华优秀传统文化的延续与发展，从而转变为现代化的文化产业。

（二）传统文化是文化产业的精神支撑

文化产业蕴含着丰富的民族精神内涵，向社会大众所传递的正如文化产品中的精神，文化产业发展的灵魂就是正确的价值观念与精神信仰，这也是文化产业得以持续发展的根本。可以说，没有精神内涵的文化产品仅仅是一具空壳，毫无生气可言，更是没有任何吸引力与价值，竞争力也是无从谈起。我国传统文化是华夏民族几千年来在从事物质生产和精神生产的实践活动中逐渐积淀而成的，体现着一代又一代先人对自然、社会与人生的思考与体验，彰显着人的理性智慧和主体能动性，饱含着丰富而深厚的精神价值。其精神内核、艺术价值、历史价值及舆论导向都有正面的、积极的内容，仍是现代人重要的精神食粮，可为文化产业提供精神价值支撑。当前，我们已经引进了前沿多媒体科技，拥有了国际领先的技术团队，使得文化创意制作获得了崭新的承载平台和传播通道，却很少能拿出与之相应的高水平成果，许多作品甚至是粗制滥造、低俗庸俗。其中一个重要原因是国人在发展文化产业中一味追求商业价值，在学习西方先进科技的同时，忽略了许多传统文化的精华，不能赋予文化产品以文化内涵，造成"文化空巢"现象，导致国产文化作品难以在国际市场确立自身地位。针对于此，唯有不断深挖中华传统文化中所蕴含的宝贵民族文化与精神内涵，树立积极的价值观念，对其进行创造性发展，才能够确保中华传统文化的产业化转变。

（三）传统文化是文化产业的创意源泉

对于文化产业的发展而言，创意是最富有创造性的部分，同时也成为文化产业得以不断发展的关键要素。中华传统文化源远流长，且中国幅员辽阔，民族众多，具有多元化的优秀传统文化，正为文化产业的发展提供了不竭的创意源泉。同时中华优秀传统文化能够为文化产品的基调以及风格提供艺术上的独创性，因此更能容易引导大众的心理与审美共鸣，这也使得带有历史印记的优秀传统文化成为文化创意的重要来源。

世界上文化产业比较发达的国家和地区都十分注重对传统文化的发掘，例如日本、韩国、意大利、英国等，极为重视保护本国的文化资源，通过传承和发扬本国传统文化，取得了文化保护、文化传播和经济收益等多重效益。在文化遗产与创意产业对接实践中，最有影响力的是美国，好莱坞的很多电影都取材于文化遗产，迪士尼公司甚至开发我国古代民间故事，拍摄一些动画片，在全世界赢得了较高收视率。20世纪60年代，上海美术电影制片厂创作的水墨动画片，把传统水墨画技法和动画有机结合起来，创造了一代经典。中华文明具有上千年的发展历史且从未中断过，因此传统文化资源无论是在数量上还是在文化价值方面都位居世界前列，具有世界公认的历史文化宝库之称，这成为当下发展文化产业不容忽视的重要创意素材。

（四）传统文化利于文化产业品牌塑造

文化经济价值和精神价值共同构成了文化品牌，这也是一个国家文化软实力与文化竞争力强弱的重要表现。对于中国文化产业发展而言，只有打造良好的文化品牌才能够带动文化产业的再发展，才能够进一步拓展市场。而这个过程必然离不开优秀传统文化的支持。传统文化蕴含的古老文明是众人趋之若鹜的最大"财富"，先天具有一种品牌效应。近年来，影视界热衷于翻拍名著，一个重要原因就在于这些经典本身具有巨大的品牌价值。

文化遗产尤其是世界级、国家级文化遗产，能够赋予当地文化发展巨大影响力、竞争力。如果把自己的历史文化精华倾注于文化产品生产中，不仅会大大提高文化产品的知名度、美誉度及文化品位，而且还会为当地经济社会发展增光添彩。剪纸是山西定襄县的一大民间艺术品牌，"张氏三姐妹"将传统的"喜鹊登梅""孔雀开屏""花好月圆""鸳鸯戏水"等图案定型、成册走向市场，其剪纸作品不仅出国展演，在中央美术学院展出后被收藏，而且在各种展览和推介会上深受青睐。为了满足人们形式多样的文化需求，许多地方将传统文化与旅游"联姻"，使旅游文化呈现出新亮点。例如广西壮族的三月三民歌节以及苗族的踩山节、西双版纳傣族的泼水节等，传统文化元素为现代文化产业的发展注入了独特的文化韵味，成为展示各民族地区风情的重要名片与标识，为文化产业的持续发展增添了助力。

第七章　优秀传统文化教育教学改革

　　教育是知识创新、传播和应用的主要基地，也是培养创新精神和创新人才的重要摇篮。无论在培养高素质的劳动者和专业人才方面，还是在提高创新能力和提供知识、技术创新成果方面，教育都具有独特的重要意义。由此可见，现代文化创新与教育创新是紧密相连的。教育是人类文化的一种传递活动和催化活动。一方面，任何社会都要通过教育向个人传授一定的价值观念、文化规则、生产技能和知识，把人引进文化传统。在这个意义上，教育执行着社会遗传或者说文化传递的特殊功能。另一方面，各个时代又可以把新的时代需要和对未来的期望以及对人和世界的新认识灌输到教育中，通过教育形成人类文化的新因素，尤其重要的是通过教育可以培养出不仅承载文化而且有能力创新文化的人才，因而能不断增进文化积累。在这个意义上教育又是文化的一种创新活动。由于这两方面的功能，教育成为连接过去与未来的中介。由此可见，文化创新和教育创新是紧密相连的。教育创新的目的是以科学的理论武装人，这里的科学含义就包括了哲学、社会科学和自然科学等文化因素。因此，文化创新在教育创新中不是可有可无的，而是对教育创新起着非常重要的推动作用。

第一节 优秀传统文化传承对教育改革的意义

文化创新与教育创新是一对孪生姊妹，文化创新必将对教育创新产生很大的影响，而教育创新也不可避免地影响着文化创新。这就迫使人们用冷静客观的态度对现行文化观念、文化制度等方面进行全方位的反思与创新。

文化创新对教育创新的意义在于教育的创新是可以用文化来解读的，也只有通过文化解读的教育，才会更具有时代发展性和战略性，才能创造一个更为广阔的发展空间。在一种新的教育文化形态下，它所树立的规则，将伴随着社会文化运动的需求来实现学校的既定目标，它不管你换了几任校长，也不管学校人员如何变动，这种教育文化的规定性将会以独有的生命活力促进教育的创新发展。

一、教育创新本身就是一种文化活动

从词源上看，文化与教育是紧密联系的。"文化"一词在拉丁语和古英语中具有"耕耘"和挖掘土地的意思，表明了文化与劳动的天然联系。18世纪法国学者沃弗纳格和伏尔泰所用的"文化"一词指训练和修炼心智的结果和状态，用来描述受过教育的人的实际成就，通过教育能够获得的东西。中文的"文化"一词由"人文化成"演化而来，基本含义是指通过教化把人培养成有教养的人的过程，即"教化"的意思由此可见，在中文和英文中，"文化"与"教育"在词源上都是有直接联系的，这种词源上的同义性反映了两者关系的直接性和密切性。

从起源上看，教育属于文化范畴，教育本身是起源于文化的。教育起初作为一种模仿、示范、传习活动是在有了初始文化之后，人们是在长期不断的"尝试错误"之后，明确哪些事可以做、哪些事不可以做、哪些事应该做，才开始了人们之间的教育活动的。因此，教育是建立在文化的基础之上的，其本身就是人类文化成果的表现形式之一，它使得后代人可以不必重复前人所走过的坎坷与曲折，完全可以通过教育而获得先人所积累的生产知识和精神价值观念，从而简洁地就获取了物质生产和精神生产的能力，并进一步进行旧有文化的改造、发展和新文化的创新。

教育的传递功能是其基本功能，教育的传递不是生物水平上的传递，而是文化意义上的传递，是社会文化的积淀，是对社会文化世代连续性过程的同化和顺应而引起的文化潜移。社会通过教育将前人所积累的生产和生活经验、道德观念和行为规范、科学知识和人文知识等，有计划地传递给下一代。正由于教育活动，人类文化才能够一代一代承接下去而不中断，也正是基于这一基本特征，教育才具有永恒性，以至于有的辞书把教育定义为"人类传递文明的手段"。

二、教育在不断的文化创新中使文化永葆力

作为人才培养的教育过程，除了对文化的选择和传递外，还包含对传统文化的变革和文化创新。任何一种教育都会影响人的价值观念、知识结构、个性特点和行为方式，进而又以行为和语言的形式表现于社会生活之中，丰富和更新原有的文化系统，改造原有的文化结构，从而对社会文化起到一种强烈的活化和促进作用。正如黑格尔所认为的，文化遗产，当我们去吸收它并使它为我们所用时，我们就已具备了某种不同于它以前的特性。于是，那种接受过来的遗产就这样地改变了。这就是说，文化传递事实上也是一种文化内涵，即系统的重组。这种选择与重组既包含各个原有文化要素的选择组合，同时又包含了自己的理解与判断，从而导致整个系统发生不同性质的变化。教育使人类在历史进程中所形成的人类固有的本质移植、内化于新一代的个体之中。这种移植并非使这种固有本质原封不动地承袭下去，往往都会因教育的选择和环境因素变化而产生一定程度的嬗变，以致教育在塑造新一代时，会有新的需要、新的品质和新的观念。作为文化载体的人的变化，无疑也意味着传统的变革和文化的变迁。借助于科技文化再生产，实现人类自身素质的再生产，这是教育本质的一般规定。

因而，教育实际上又是一个旧文化的发展和新文化的创造的过程，教育的根本目的和最高目标也便在此。制定教育发展战略的教育方针，

进行教育改革，都是为了文化创新，并且必须指向文化创新，否则就是不健康的教育或因循守旧的教育。

教育是创新性文化生产的重要基地。文化就其内容而言是物化了的精神产品，它同物质产品一样，都是人类劳动的结晶。人类劳动创造文化产品的过程，即是进行文化生产的过程。教育的作用，一方面是把历史上的文化产品继承、传递下来，因而必须把它们再生产出来；另一方面，更重要的是进行创新性文化生产，对以往的积累和现实经验进行综合加工，从内容上开拓创造新文化。

创新性文化生产出来的是用来满足人类物质活动和精神活动所必需的思想观念形态的产品，如科学、哲学、政治、法律、文化、艺术、道德、宗教的观念和理论体系等，而这主要是通过教育来实现的。由此可见，创新文化的提出是文化创新的产物。一个新的文化教育崛起，首先应意识到已有什么样的文化，而又缺什么样的文化，并在适应新的文化运动中抵制滞后的垃圾文化，从而支撑起文化育人的保护屏障，建立一种可持续发展的机制。而目前教育以客体为载体对社会文化的偏离，教育以理念的偏失应对未来发展的畸形思路，教育以在文化的跟进中对时代的误判，教育在文化策略和战略构建中对社会文化的失衡，正是提出教育新文化价值重建，在适应社会文化运动中要解决的课题的必要性所在。这是教育文化自觉意识的觉醒，也将为文化育人的视角提供不竭的动力与创新的源泉。

（一）文化生产的劳动者及其文化创新能力是通过教育培养出来的

人的语言能力、科学抽象能力、辩证思维能力、科研、创造能力等，主要是受教育之后获得的。一个人受到的教育越多、越高，文化生产的能力就越强，现代教育更注重创新型人才的培养，坚持知识、能力、素质的统一，全面提高教育质量。

对一个国家、一个民族来说，教育是一项最根本的事业。国家的发展，民族的振兴，文化的繁荣，要靠教育、靠知识、靠人才。一个国家的教育水平、培养的人才的数量和质量，决定其文化创新的教员、质量和速度。近代以来，世界科学活动中心的几次历史性转移已经充分证明，一个国家的教育发展水平，同其科学文化的水平成正相关。

（二）现代创新教育为创新性文化生产提供了大量优质的劳动资料、先进的生产工具和物质手段

科学技术的进步，为现代教育提供先进的设备和手段，能够迅速地传播、加工和处理各种科学文化和信息，使教育具有较高的文化产品生产率。在现代教育机构中，有先进的实验设备、专门的科研机构、较高水平的科研队伍，有健全的图书情报资料系统，有合理的科学劳动结构和较好的科研管理，为创造性文化生产提供了良好的环境条件。

教育是精神生产力系统中一个重要的部门，大量的精神文化产品是由教育生产出来的。由于精神文化产品本身就具有教育功能，因此，要发展教育，就必须对历史和现实的精神文化产品进行搜集、加工、整理

和概括，从而也就提高了精神生产力。另外，由于教育本身就具有探索性、创造性，它不仅传授已有的文化知识和方法，而且必须对前人遗留下来的一些思想、资料进行加工、改造和综合概括，从而获取新的文化知识和方法，这种获取新知识、新方法的过程，也就是生产新的精神文化产品的过程。

当然，一种新的文化刚产生时往往只是作为一种亚文化。如果这种文化不为社会所认同，可能只是昙花一现，湮没无闻，而如果这种文化为社会所接纳，就有可能逐渐地融入或取代传统文化而成为主流文化。

对文化的创新，就其教育领域来说，主要是由高等教育来承担的。在基础教育过程中，是将经过评价、选择的文化精华传递给学生，高等教育则能够通过科学研究和种种创新性活动，不断地创新文化。大学是各种学术思想聚集的园地，也是文化交流的窗口，大学教师学术视野较为宽阔，大学生、研究生、留学生来自四面八方，求新好奇，反应敏捷，校园经常成为文化碰撞的中心。文化的交流、冲突、重组、融合，给予高等教育创新文化的机遇。不论是中国古代的稷下学宫，后来的书院，或是古希腊的雅典学院，还是近代、现代的自然科学的发明和社科新理论的出现，无不与大学密切相关。

因而，为了达到文化建设的最高境界——创新文化，必须大力发展教育事业，尤其是高等教育专业。高等教育是在最高知识水准上进行的传递文化，它所担负的"研究高深学问"的任务，就是要把散落和被淹没在历史泥石流中的那些真正有价值的文化珠玑发掘出来，拂其泥尘，露其真容，并尽量联结成串，以让它们留传后世，为建设具有中国特色的社会主义文化锦上添花。

三、教育促进文化创新，文化创新必须依靠教育

从文化的属性上审视教育创新，可以发现，教育创新以文化的潜规则来解读教育发展的状态，用文化的定位来体现教育的社会价值，这是一种能动的态势，是内在的灵魂中所形成的终端驱动力，是从文化创新的角度来推动教育的品牌、品质和创新。

教育活动与物质生产活动相比，它的一个重要特点，就是它是一种认识活动，一种文化活动。教育对文化的传递、选择和创新是系统的整体。传递的是经过选择的文化，创新的是经过传递的文化。创新是为了更好的传递，选择是为了有目的的创新。没有选择就没有传递，没有传递就无所谓选择。没有传递哪来的创新，而没有创新选择还有何意义？教育正是通过不停地选择—传递—创新—再选择—再传递—再创新的循环往复的过程，使文化得以形成、发展、延续，它是文化的传递与传播，是文化的净化与升华，是文化的创新与发展。教育创新是以文化为基石，以文化为媒介，以文化为实体的活动。因此，进行文化创新时，必须以最现代化的文化、科学为内容，以最先进的技术和设备为手段，以广阔的活动方式（生产方式、消费方式）为基础，以人的现代化为目标，对

学生进行创新教育，全面继承人类的优秀文化遗产，融合现代科学精神，创造出代表社会发展潮流的主流文化，否则就不能适应现代社会发展的需要，也就不会有具有中国特色的社会主义文化。

第二节　现代教育改革的内涵

创新，是人类社会发展的动力。因为新生事物不断替代旧事物，是客观世界发展的普遍规律。从这种意义上说，历史是创新的产物。创新，是时代发展的特征。21世纪，我们进入知识经济时代、智能化时代、比电脑快上千倍的光脑时代、太空科技经济时代。可以说，谁掌握了创新，谁就把握了未来时代发展的主动权。

创新，是经济发展的动力与主宰。"科技是第一生产力"，一项重大的科技创新能转化为巨大的生产力，能推动经济高速发展，上一个新台阶。实施科教兴国战略的前提是科技创新，是大力提高全民族的思想道德和科学文化素质。社会进步、时代发展、经济腾飞都离不开创新，那么，它们的共同基点是什么？是教育。没有现代化创新教育，就没有现代化经济。没有创新教育，就没有经济攀升、腾飞的实力。没有创新意识的教育，是没有灵魂、缺乏生命力的教育。现代教育的实质就是创新教育。

现代教育创新是一个动态的开发系统，目的是培养创新型的人才。

教育创新对人才来说，不仅是信息的输入、知识的积累，更重要的是打开人才大脑各种储存渠道，通过创新性思维，培养创新能力，冲破现有知识圈的束缚，发展现有知识，创造新的知识。其显著的特征是，要通过创新教育设法超越现有的知识范畴，发明新方法，解决新问题，开创新局面。

一、现代教育创新的特征及内容

提高我国自主创新能力，实现经济结构调整和增长方式转变，提升我国的国际竞争实力，建设创新型国家，为构建社会主义和谐社会创造坚实的物质基础和科技支持，在很大程度上取决于我国人才特别是创新人才的规模与质量。而创新人才的培养，在很大程度上又取决于教育创新。

（一）现代教育创新的本质特征

现代教育创新的最本质的特征是把人才的成长发展过程看成一个系统工程，并把创新教育阶段自觉地纳入这个系统，以系统的总目标作为制定自身目标的依据，使之成为人才发展过程中连续的有机组成部分。

纵观人类文明的发展史，其实是一个不断遇到问题，又不断运用人类自身智慧解决问题的创新史。无数事实证明，凡是卓有成效的创新，必须具有远大目标的引导和与之相适应的知识结构和经验积累，是存有个性的创新。因此，教育创新在人才素质培养的过程中，应当始终结合受教育者的个性特点来施行。简言之，推行因人而异进行引导的创新素质个性化教育是人才发展过程的历史要求，也是提出创新教育的内在依据的要求，更是决定教育创新成败的关键因素。

（二）现代教育创新的内容

教育创新在 20 世纪 30 年代发端于美国的一股教育思潮和教育运动，后来逐渐在全球推广。其主要内容有以下几个方面：

1. 创新性教育。是指在教育中努力贯彻提高受教育者创新力的原则，使提高创新力成为教育目标的一部分。在这里，创新教育已成为一种教育思想。

我们的各类教育机构，我们的全体教育工作者，对增强包括民族凝聚力在内的综合国力，承担着庄严的职责。教育在培育民族创新精神和培养创造性人才方面，肩负着特殊的使命。创新性教育的关键是将开发受教育者的创新力渗透和体现在各科的教学内容和教学形式中。因为创新本身就是一个学习过程，需要特殊知识的积累，因此，创新教育的过程是一个有组织的、有时间顺序的、不可逆转的过程。创新是与"干中学""用中学"等活动紧密相关的，所以创新所需的知识与其说是一种大家都可获得的公共知识，不如说是一种带有文化创新色彩的知识，因为文化创新有其本身自然发展的途径。果然某种文化创新发生在某一时刻，但是如果追根求源，这个创新的实现一定已经有了较长的该种文化知识的积累过程和学习过程，没有这样的知识积累过程和学习过程，没有任何渊源关系，只是根据公共知识，而去实现某一部门的突然的文化创新，是无法做到的。

2. 创新能力训练。创新能力是指能广泛应用科技知识，不断推进新生事物的产生与发展的能力。创新能力如何产生，有哪些要素？"知识—智力—能力"，就是创新能力的产生过程，其间有"两个转化"：通过教育学习，使书本知识、社会知识转化为学生大脑的智力，再通过主观能动性、大量的脑力劳动，使智力转化为学生能反作用于物质的创新能力。这两个转化过程，就是人们从认识客观世界到主观世界的能动，再到改造客观世界的过程。创新能力蕴含有"三个要素"：一是加强知识学习，这是培育创新能力的基础；二是激活主观能动性，这是培育创新能力的内因条件；三是善于引导与发现，这是培育创新能力的外因条件。因此，创新能力训练指的是面向受教育者，主要以提高他们的想象能力和思维能力为目标的系列教育，包括让受教育者解答各式各样的训练题、传授创新技法和发明经验等，如奥斯本的"头脑风暴法"，就属于这一类。另外，还有美国的戴维斯、特雷芬格等人提出的创新力训练模式。现代心理学发现，创新能力是与生俱来的一种潜能。从一定意义上说，人的自我实现，也就是实现自己的创新潜能；而所谓创新性，也就是独创性。这种创新能力通过训练是可以很快得到提高的。

我国对人才的创新力开发和训练主要有五项内容：一是破除习惯性的思维和工作模式，使人才学会灵活而完整的思维和创造性的工作模式；二是学习和掌握有效的创新方法和发明方法；三是开发脑力，充分有效地利用大脑；四是克服各种创新障碍，培养创新个性；五是促进形成适当的气氛和环境。

3. 现代远程教育。现代远程教育工程主要包含高速传输平台建设、现代远程教育软件平台和资源建设、开展现代远程教育试点和相关的管理政策研究等方面的内容。

4. 创新素质的培养。主要是培养人才的创新能力和创造力。要使人才能借助于这种素质，在将来实现各自具体人生目标的过程中，一方面可以自觉地、有选择性地吸取知识，另一方面又能主动地尝试着把所学的知识加以运用，以解决其所面临的问题。创新素质的培养主要包括三个方面：

（1）创新意识的培养。创新意识是指基于对创新本质的正确理解基础之上的、主体自身产生的一种敢于创新的觉悟及创新的欲望，它是主体进行创新实践的首要条件。因此，创新教育把受教育者是否拥有创新意识作为判断教育成败的最基本的依据。这就要求创新教育首先启发受教育者的思路，使他们树立起强烈的创新意识。尤其是到了 21 世纪的知识经济时代，文化只有在创新中找出路，在创新中求发展。这就更加要求受教育者具有超前思维，未雨绸缪，不断增强创新意识和创新能力，努力把握文化创新发展的主动权，满怀豪情地迎接知识经济的挑战。

（2）创新习惯的培养。创新习惯是指大量的固定储存于主体脑中的、能直接地或经过类比、推理、联想等思维处理后间接地为主体探索未知的实践活动提供参考、支持的主体创新经验模式，它是主体能不断地进行创新的得力保证，借助于它，主体能很快地从整体上、方向上把握整个探索过程，从而对未来的探索活动表现出一种从容的适应性。由此可见，教育阶段创新习惯的培养，其实质是受教育者在教师有目的的引导下，对未来创新活动的一种"预体验"，是对未来创新的有预计性的经验积累。

（3）创新品质的培养。创新品质是指创新型人才进行成功创新所表现出来的某些共同心理特征及性格特征等，它是支持人们进行创新实践的非智力因素，包括动机、志向、目标、决心等。教育创新不同于传统教育的是，它并不以向受教育者传授一些具体的知识或技能为满足，而是注重受教育者的个性性格及心理素质的培养，从而使受教育者的智力因素得到最大限度的发挥。

由于创新是在旧事物的基础上进行前所未有的创造，是对文明的推进，因而获得创新成果绝不会是一蹴而就的事，创新者必然要经受无数次的挫折和失败，这就需要诸多非智力因素作为支撑，其中最主要的就是创新的品质。

5. 创新实践教育。创新实践包含两层意思。一是通过实践来检验学生的创新能力。实践是检验真理的唯一标准，实践出真知、长才干、增能力。学生是否具有创新能力，是否具有符合时代精神的创新能力，都必须由实践来检验。学生在实践中又可以学到鲜活的知识，可以更有成效地培育和提高创新能力。二是教育与实践相结合的内容、形式、方法等，也需要不断创新，不断优化结合点、优化组合方案，追求最优化成果。

教育与实践相脱离，严重阻碍了对学生创新精神和创新能力的培育，这是现行教育的主要弊端之一，因而所培养出来的人才少有竞争实力与拼搏气质。三是坚持教育与社会实践相结合，强化教育的实践环节，优化人才培养模式，必须从整体纳入教育结构之中，是教育创新应坚持的方向。

密切与经济结合的创新实践途径有：

（1）理论知识教育与市场经济研究紧密相结合。教育必须有市场观念、经济意识，坚持为市场、为企业培育急需的合格人才，为经济建设主战场、企业生产经营第一线及时提供人力与智力资源。凡是市场经济运行的理论，都应纳入教育内容，写进教材，进入课堂。凡是市场经济发展所需完善、研究的理论，都应纳入教育部门列专题研究，融入整个教育过程之中。学校的专业设置、学科建设、师资队伍等，在设计、调整、规范上都应无条件地服从，服务于市场经济。

（2）校园小课堂、小讲台与社会大课堂、大舞台紧密相结合。关门办学，早已不符合时代潮流，不符合教育创新发展的趋势。教育只有与社会发展的脉搏、与经济发展的脉搏息息相通，才会具有强大的生命力。

（3）积极开展社会实践活动，直接参与市场经济活动。要知道梨子的滋味，就必须亲口尝一尝。亲自参加，亲自感受，亲自体悟，是最深刻的实践。例如，让学生亲自参与革新工艺流程、策划新的品牌、推进科学管理、改善环保条件、设计新项目、改造设备、承包工程、推销产品等等活动。让学生在这些真实的经济活动中，亲身感受市场经济的压力，尝一尝闯市场的艰辛"滋味"，闻一闻商场如战场的"火药味"，让学生从中开拓视野，展现才华，检验不足，明确自己的努力方向。

（三）现代教育创新的方法

创新能力绝非仅是一种智力特征，更是一种性格素质，一种精神状态，一种综合素质。一个人成才有智力因素和非智力因素，非智力因素往往起主导作用。美国哈佛大学提出的情商教育观念，是对传统教育模式的巨大冲击。哈佛研究结果表明，人生的成就至多只有20%归诸智商，80%则受其他因素影响，例如意志力、自信心、控制力、人际关系、团队精神、自我激励、思考方法等。一个人的素质像一座冰山，露出水面的容易被人看到的学历和专业知识只是一小部分，而真正决定一个人能否成功的是责任感、价值观、毅力、协作能力等。成小事主要靠业务本领，成大事主要靠德行和综合素质。对品德、合作精神、敬业精神的基本素质的要求，中外并无多大差别。美国多家公司招聘条件显示，尽管每个公司对职工都提出了不同的岗位要求，但几乎每个公司都必备的两条要求是：自我激励精神和团队精神。绝大多数诺贝尔奖获得者的智商处于中等或中上，他们最重要的品质是对事业孜孜不倦的追求和坚韧不拔的努力，以及对工作的执着。情商较高的人在各领域都占优势，成功的机会也大。情商其实就是一种为人的涵养，一种做人处世的道理，一种人格特征。心理学研究表明，人的创造性的发展程度与他的整个人格发展是高度相关的。这里包括他所持的世界观、人生哲学、生活方式、伦理准则、思维模式等。如富有创新性的人总是把世界上一切事物看作是一种流动、一种运动、一种过程，而不是静止不变的。这种人不是固守过去，而总是展望未来：不是用过去来规定今天，而是善于用未来规划当今；他们总是不满足已经做过的，而是努力开拓未知的；他们满怀信心地面对明天，相信自己能使明天变得更美好。思考方法作为思维方式，本身蕴含着巨大的智力价值，科学思维方式比某种专业知识技能更为重要。

二、我国教育创新存在的问题

我们应该清醒地认识到，从我国的情况看，创新教育起步晚，水平低，开展的成效也不够理想。在培养和造就创新人才方面，我们还存在着很多不容忽视的问题。这些问题概括起来主要有以下几个方面。

（一）创新教育至今没有形成社会共识

教育，历来具有继承与创新两大功能。我国现行教育由于受传统教育观念的束缚，长期以来过多地注重了"继承"，甚至以"继承"为主导，而忽略了"创新"的地位与功能。

西方传统的教育体制渊源于柏拉图的教育思想，认为只有通过理性获得的才是真正的知识，受教育为日后在等级分工的社会中就业做好准备，因而必须强调理性原则，侧重智育，并在教育过程的各阶段对受教育者进行分类、选择和淘汰。另一个影响的是古希腊学者亚里士多德，他提出的是国民教育思想，认为国家为培养合格的公民，应对全民进行规范化教育，并按中等程度的标准进行合格考试。中世纪的宗教教学则为西方传统教育体制提供了教育方式、方法和形式，就是以教师为中心，以教材、教条为权威，注重课堂纪律，采取注入式或"填鸭式"教学，并且以惩罚作为管理手段，用严格的淘汰制度来维持纪律和迫使受教育者死记硬背。

这种教育制度强调知识不会过时，理论高于实际，动脑高于动手，强调形式主义的考试评分制度。这种偏重理性、智育，偏重专业知识的做法，往往忽视创新开发和能力的训练，忽视了理论和实践的结合，培养出来的往往是"高分低能"式的受教育者。上述封建主义和资本主义的传统教育思想在创新教育中有形无形、自觉不自觉地阻碍着创新教育的开展。

只有个别学校自发地设置了"创新原理""创新设计"或类似的课程，绝大多数学校没有任何创新理论课程设置，也没有相应的机制鼓励教师去讲授与创新有关的课程内容。有计划地进行创新教育的还不多，没有形成社会力量。以上问题，严重地束缚了当代的创新教育，制约着现代文化创新的发展。

（二）创新教育方式落后

教育创新的功能是培养和造就掌握知识和创新能力的人才。这既是工业经济发展的需要，也是知识经济时代发展的需要。

当前，在高等学校开展创新理论的教育培训存在诸多问题。我国创造学的理论基础薄弱，学校尚未形成以创新为主导的价值体系，长期重知识灌输，轻方法（能力）培养，重趋同性，轻标新立异，这些对开展创新教育极其不利。我们应该从创造性素质教育的理念出发，在教育思想、教育目的、课程设置、教学方法、管理评价及师资培养方面统筹规划，积极推动教育创新。

（三）师资队伍的知识结构不完备

要搞好创新教育，首先必须具备一支懂得创新教育的师资队伍。但是，我国目前的创新教育恰恰缺乏这一点。许多从事创新教育的教师本身并没有系统地学过创新理论，对创新性思维、创新力的开发、创新教育实施等知识知之不多，加上知识结构单一、狭窄、落后、专门化，造成了一代教一代、一代影响一代的非良性循环。特别是教师，要想真正搞好创新教育，必须除了精通自己所教的学科外，还要随时更新知识，并在其他的学科具备相应的知识，只有这样，才能在讲课时得心应手，讲深、讲透、讲准、讲好。因此，目前，当务之急是要为高校培养从事创新理论教学的教师队伍，然后尽快将这项理论融入高校的创新教育中，催生更多的创新人才。

（四）人才的创新力没有得到应有的开发

如果人才创新教育开展得好，文化就会发生显著的变化，形成"落后——创新——前进——再创新"的良性循环。反之，就会陷入"落后——引进——再落后——再引进"的恶性循环中去。这说明，在人才中蕴藏着巨大的创新力，这种创新力开发出来就可以转化为先进的生产力。在创新开发的实践中，文化程度的高低同创新力的开发关系并不大，即经过创新教育，具有高学历的工程师和具有中小学水平的普通职工都有可能开拓创新。所不同的是，文化水平高者，往往选择具有学术前沿的高深课题，而文化水平低者，可能选择的是实用性的、具体的课题。其共同点都是以创新性的方式或方法解决问题。

三、我国教育创新的对策

我国的教育创新关系到祖国的前途、民族的未来和创新型国家的建设，是具有基础性、全局性、先导性的事业。因此，我们必须认清形势，制定出科学的发展对策。

（一）创新教育的根本目标是素质教育

创新是现代教育的时代课题，是教育兴旺发达的不竭动力。尤其是在 21 世纪的知识经济时代，知识在文化发展中的作用越来越重要。没有一定的知识积累，不掌握现代科技文化知识，就根本谈不上创新。进行教育创新，根本目标是要推进素质教育，把教育从应试型教育真正转变到素质教育上来。长期以来，我国的教育以应试为主，强调对学生的知识的灌输，相对忽视学生的创造力的培养。各级教育部门要重视教育在创新型人才培养方面的作用，真正把素质教育落到实处，把教育的着眼点放在学生的创造力和创新意识的培养上消除妨碍学生创新精神和创新能力发展的教育观念和教育模式，使大批既有专业知识、又有创新意识和创新能力的人才脱颖而出。由此可见，只有转变传统教育的价值观和人才观，我们才能切实推进素质教育，促进人才的全面发展，培养造就创新人才。培养创新人才必须实施素质教育，坚持德、智、体、美全面发展，注重创新精神和能力的培养。

（二）推行以培养人才能力为主的教育体制

要推进教育体制改革，建立健全适应时代发展趋势、经济社会发展需求和符合创新人才培养规律的教育体制，是培养造就创新人才的基础与关键。

第一，在教育思想上，要摒弃以传授知识为主的观念，树立以培养能力为主的思想，把培养人才的能力、增长才干作为教育的根本目的，为培养能力而传授知识。第二，无论在课程设计上、内容选择上，还是在教学形式上、教学方法上，都要体现以培养能力为主的思想，要把创新教育作为重要的必修课纳入教育中。第三，应着重人才的形象思维能力、联想能力、想象、发散思维能力、综合思维能力等能力的培养。为此，在授课时，应给人才自由联想的空间，鼓励人才树立求新、求异的探索精神。第四，改革教学内容，增加与培养创新能力有关课程的分量。对于不同层次人才的创新教育，其教育内容也要有所不同，要针对不同教育对象实行多层次、多类型的教育方式和教育内容，对具有高、中、低不同知识。能力档次的受教育者，做到因材施教，不能千篇一律。

（三）以培养创新型人才为宗旨，改革创新教育

在知识经济时代的科技，重点将是技术的创新，而技术创新的关键是要有创新型的科技人才。因此，现代教育要以培养创新发明人才为主。

在知识经济时代，经济的发展取决于创新能力，创新的基础是人力资源的积累，而人力资源的规模又依赖于一个国家教育事业的发展。因此，中国的整个教育"面向世界，面向未来，面向现代化"，教育创新也开始由只重视同一性和规范性向同时鼓励多样性和创新性转变，由只重视指导学生被动适应性学习向同时鼓励学生主动求索、学习、创新转变，由对学生的灌输式教学向启发式教学转变，由重视知识单向传授向重视师生研讨、重视实践、探索和创造转变、把培育学生的创造精神和创新能力作为教育目的优先目标之一。目前，中国正在着力培养各行各业的创新型人才，如创新型营销人才、创新型管理人才、创新型公关人才、创新型开发人才等。与此同时，在对外引进人才方面也加大了力度。

（四）选择人才愿意接受的方式进行创新教育

由于人才教育长期以来没有规范化、科学化，许多人才对教育产生了"麻木感"，甚至反感。所以，在对人才进行创新教育时，要采取人才喜闻乐见的方式和方法，如创新教育的普遍适用性、创新教育的通俗易懂性、创新教育的具体实用性、创新教育的鼓舞激励性、创新教育的灵活多样性、创新教育的效果持久性、创新教育的功能全面性等。只有

当人才通过创新激发起创新热情时，他们才会自觉地投入创新，为创新而学科学、学技术、学文化并付诸实践。

（五）学习和掌握创新的方法

古人云："工欲善其事，必先利其器。"先进的思想方法和理论是开启创新思维的"利器"，学习掌握创新的方法和手段多、快、好、省地开展创新活动的关键。开展创新教育，要从源头上解决思想武器和"方法论"的问题。教育界和全社会都应该高度重视，掀起学习辩证法、学习创造创新学的热潮，这是培养创新人才、建设创新型国家的需要。

四、现代教育创新的模式

西方教育创新自 20 世纪 40 年代以来，迅速地普及到全世界，并取得了很大的成功。在这期间，也曾出现过许多创新式教育模式，但随着社会的发展，这些模式也在不断地更新和完善，现在被人们推崇的主要有三种。

（一）吉尔福特——米克模式

心理学家吉尔福特通过对人类智慧的研究，运用因素分析法和形态综合法，提出了智慧立体结构模型。他认为，人类的智慧结构取决于人们的思维运作、思维对象和思维产品三个变项因素。三个变项的形状不同，便构成不同的智慧形式。吉尔福特称这三个变项为心智运作、内容形态、产品形状。

1.心智运作。也称运作形态，指心智运作的方式方法，包括以下几种具体形式：

（1）认识。指认识能力，是一切心智活动的基础，包括觉察和理解两个层次。

（2）记忆。指记忆能力，是将储存的信息一成不变地保留并储存下来，以供再现或再认。记忆是联想的基础，联想是创新的重要环节，可见创新离不开记忆，但是记忆本身并不是创新，记忆的重组才可能构成创新。

（3）发散。发散又称扩散，指由一个输入信息产生多个输出信息的思维形式。其典型的形式是辐射思维，即由一个中心信息向四面八方辐射出许多输出思维的信息。其中又分为四个层次：一是流畅，即举一反三，由此及彼。这又可分为语言流畅、观念流畅、联想流畅、表现流畅；二是应变，指改变思维方向、转移思维人口的能力，又可分为自发应变和适应性应变；三是周全，指发散应保持周延性、全面性、系统性；四是创新，当发散发生转移时，若获得成功，便成为移植和创新。移植的本身就是创新。

（4）收敛。收敛又称为集中或综合，指由多个输入信息产生一个输出信息的思维形式。收敛实际上是一种认定或选择。逻辑思维属于收敛思维，没有收敛便不知道思维的结果是否成立。典型的收敛思维是辐射思维，即由许多输入信息向中心集中而产生一个输出信息的思维。

（5）评鉴。它指评价与鉴定思维成果的正确与否及其价值的大小等。逻辑证明是一种思维形式正确与否的标准，除此之外，还有不同的评鉴标准，如实践性、适用性、创新性等等。

2.内容形态。也称材料形态，是指思维对象的形态，它包括：

（1）形象，指事物的形状、大小、形态、声音、色彩等。

（2）符号，指信号、字母、文字、数字、音符等。

（3）语义，指信息的含义，一般用文字表示。

（4）行为，指行动、举止、表情等，也包括注意、知觉等。

3.产品形状，也称成果形状，指思维加工后输出的结论信息的双性及状态。其中包括：

（1）单位，指独立存在的输出信息，既可以是一件事物，也可以是一类事物。本质特征是可以被视为"一"来看待的。如一个字、一句话、一个原理、一个系统等。总之，它是概念知识。

（2）门类，也称类别，指具有共同特征的一类事物。其中心是共同的特征属性，其结论是给出事物的分类标准。总之，它是分类知识。

（3）关系，也称关联，是指事物间的联系。它强调知识之间的关联，而不是各个单独知识的本身。它是关系知识。

（4）系统，也称整体或总体。它强调输出知识的总体效果和整体效应。它是总体知识。

（5）转相，指输入信息和输出信息之间有较大的差别，它们分属于两个不同的知识类别。如将名词当作动词用，改革信息的形态、性质、含义等都是转相。它是变化知识。

（6）含义，也称衍生或蕴含，指思维材料的寓喻，是一种不规范的含义。依接受者知识和经验水平的不同，其所悟出的含义也不尽一致，是"话中话""弦外音"，是一种暗中的蕴含。它是隐喻知识。

上述介绍的是吉尔福特在1956年提出的智慧结构模型，因其三个变量因素分别有各种具体形式，所以一共有120种形式。1988年，吉尔福特又进行了修补，把心智运作变量中的记忆分为输入记忆和保留记忆，还把内容形态中的形象分为视象和听象。这样，智慧结构模式又有了180种。由此可见，吉尔福特的智慧结构是架构式、开放式的形态模式。如果在三个变量中再发现新的具体类型，都可以很方便地添加到原有的模式中去。如在心智运作中又发现一个"直觉"运作方式，便可在心智动作中增加"直觉"一项，构成六种或七种具体的心智运作方式。这样，一种新的智慧结构模式也就产生了。

在吉尔福特提出的智慧结构模式中，虽然包含100多种能力，但真正与创新活动关系密切的是包含发散思维、输出的二十多种能力。

（二）帕内斯模式

帕内斯是行为主义者，他特别强调行为表现。他认为，创新行为以独特和价值为本质。独特和价值既可相对于团体和社会，也可以相对于个人。他还认为，创新行为是创新主体的知识、想象和评鉴能力的综合。他把知识比作万花筒中的纸片，纸片越多越能变化出更多的花样。想象如同转动万花筒，不转动万花筒是出不了花样的。评鉴就是择优汰劣。

没有评鉴能力，创新行为也是枉然。帕内斯认为，一个创新能力高的人，其行为表现为流利、变通，其敏感性、评鉴能力也较高。这些个性特征都可以经过培养而有效地提高。他提出的增进创新能力的基本教育方针是：帮助受教育者消除自身的障碍，如习惯性行为、从众心理、自信心不强和冲动性行为等。提供给受教育者有利于创新活动的环境，如增进其知识、经验，促进其想象，延缓批判，激励受教育者积极进行创新，培养他们永无止境的探索精神。

（三）维廉姆斯模式

维廉姆斯继承和发展了吉尔福特的理论，在 1972 年提出了自己的创新教育模式。他认为创新力包括知、情两个方面：知，即知识，重点是流畅性、变通性、独创性和精神性；情，情意，重点是好奇、想象、冒险和不怕困难。知、情合一就能产生创新。因此，他提出的教育模式是：仅提示似是而非之处，引导受教育者关注事物的属性，使用类比法推敲事理，指出差异或缺陷，提出后发性问题，注视变迁事例，讨论习惯的影响力，允许受教育者有限度地自由探索，教会探索技巧，培养对暧昧的容忍，允许直觉表现，强调发展性胜于调适性，鼓励选读创新发明家的传记，教育受教育者在做决定之前应充分权衡利弊、优劣，教会创新性阅读法，发展创新性视听的技巧，提高创新性写作技巧，培养视觉想象技能。

上述三种创新教育的基本模式既有区别，又有联系。吉尔福特——米克模式是从分析智慧结构入手，提出了智慧结构三因素说，并建立了形象的立体结构模型。在这以前的智慧结构模型大都是二因素说，多从思维形式和思维对象两个方面进行分析研究。吉尔福特却创新性地提出，不同的思维产品形状也决定了不同的智慧能力。特别是 1988 年的补充完善，形成开放的三维模型，成为当代世界上最系统、最完善的人类智慧结构模型之一。后经米克的进一步研究发现，与人们的创新力有密切关系的不是吉氏模型中的所有类型的智慧，而主要是其中的二十二种，从而为创新教育选定内容、确定方式指出了方向和范围。该模式有其明显的不足之处，如对收敛运作的创新性认识不足，没有将其放在应有的位置。实际上综合就是创新，而在这个模式中，收敛是包括综合的含义的。

帕内斯模式则从阻碍创新的因素分析研究入手。在他看来，消除了阻碍创新的因素，自然就充分地开发了人们的创新能力。帕内斯特别强调消除创新主体的自身的障碍，并经过深入研究提出了为克服这些障碍应有的主客观条件。这实际上也是提出了创新教育的内容和方式方法。但是这一模式也有明显的不足之处，它仅把消除创新障碍当成创新力的着眼点，在教育中只重视创新环境因素和创新者心理因素的整合，淡化了创新者本身的素质的提高。实际上，创新教育不只要开发创新者的创新潜能力，而且还要培养和提高受教育者的创新潜能力和创新技能力。

维廉姆斯模式是在前二者模式的基础上总结概括后提出来的。这一模式更为概括简明，是仅包括知、情两因素的模式。他强调的是智力教育和非智力因素培养的协调发展和优化组合。作为一个创新者，不仅要学会进行发明创新的必要知识，更重要的是培养创新意识和适应创新的心理状态，学会独立发现问题、分析问题、解决问题的基本方法和能力。维氏模式的成功之处是对前两种模式的综合和发展，它用"知"和"情"两个因素包括了能力、心理、环境三个方面的教育内容。但是，这种综合是粗糙的，在"知"中包含能力和环境两方面的内容，本身就是一种模糊，也冲淡了环境培养的重要性。

五、教育创新的作用及影响

教育创新理论研究中蕴含和发挥的文化创新意义，比之教育创新理论研究的直接满足教育现实需要的意义，具有对教育科学发展更系统、更基础、更深刻、更持久、更理性的促进作用。

（一）教育创新有利于人才树立创新的志向

随着知识经济的来临，竞争意识和竞争能力在文化创新发展中所处的地位越来越重要，越来越突出。现在，人们已清楚地认识到，各类不同性质的竞争实际上是人才的竞争，而人才的本质又在于创新，所以从这个意义上说，竞争的本质也在于创新。虽然一个有强烈创新意识的人不一定立即有所发明和创新，但是一个没有创新意识的人则决不会有所发明和创新。现在，我国的中年以上的人才大多是在计划经济中成长起来的，依赖性比较大，缺乏强烈的创新意识。因此，对他们进行创新教育，可以启动他们对创新的追求和向往。

（二）现代教育创新使人才产生进入创新境界的紧迫感

创新论认为，一个人知识量的多少将会决定这个人可能创新的层次与深度，但它并不决定这个人能否进行创新活动。因此，要从各个方面鼓励人才在具备一定的知识后不失时机地进入创新境界，边学习，边创新，在学习中创新，在创新中学习，不等，不靠，不要，积极发挥自己的创新才能，为文化创新做出贡献。如现在有许多大学生怀揣高科技项目，登记创办公司。有的边学习边创业，有的学习期间搞科研，毕业时带着"瓜熟蒂落"的项目搞产业化。

（三）现代教育创新使人才发散思维能力有所提高

诺贝尔奖获得者艾伯特曾说过，所谓创新发明，就是和别人看同样的东西却能想出不同的事情，而要做到这一点，就需要思维的发散性。思维上的这种发散性，可以从多角度对事物进行观察、质疑和思考，并可能直接导致创新发明。这就要求人才凡事都要问一个为什么，敢于思索，敢于探讨，敢于打破一切旧的框框套套。

教育创新理论研究的文化创新使命启示我们，必须对我们的教育创新理论研究活动进行双向的反思。一是应该提高人们对于教育创新理论研究意义的认识，既应理解其促进教育现实进步的工具性意义，又应理解其促进教育文化和社会文化发展和创新进步的价值性意义。二是应该提高教育创新理论研究本身的品质，即从事教育创新理论研究工作的人们，应该坚持发散思维，以科学、理性的态度探索教育的未知领域，使新创造的教育理论具有深厚的哲学基础和现代性视野，具有唯实的传统文化基础和现代化前景，推动教育和文化的双重创新。

教育创新有利于人才创新素质的提高。由于创新教育涉及的面较广，因此，对人才的各个方面都会起着意想不到的作用，使他们能主动地研究学习、研究创新、研究工作等，从而在潜移默化中提高其创新素质。

美国学者洛地顿曾说过："孕育着发明能力的小学毕业生远远比扼杀了创造能力的哈佛大学的毕业生有着更多的成功机会。"实践证明，这话是有一定道理的。如比尔·盖茨大学没毕业就投身到微软的事业，成为世界软件业的创新之王。

现代教育创新有利于树立科学的人才观。长期以来，我们的教育所形成的人才观过分强调共性，往往用一个标准、一个模式去要求所有学生，采取"划一主义"而忽视了学生的个性，压抑了学生的创新性。这种人才观的存在不适应当代科学技术迅猛发展对人才的要求，更难适应知识经济的挑战。为此，现代教育必须破除这种观念，树立不拘一格的人才标准。一方面，要重视学生个性的培养，为学生个性的发展和张扬提供广阔的生活空间、创造良好的文化氛围、建立可靠的制度保障。另一方面，要打破传统观念的束缚，真正把创造性、创新精神作为衡量、培养人才的一项核心内容，积极鼓励学生质疑问难、异想天开、标新立异、勇于进取、敢于开拓、大胆创新。

现代教育创新对文化创新具有重要的意义。因为文化作为"人类所创造的一切物质和精神的综合",其存在是普遍的和必然的。我们这里所说的文化创新,并非是指社会当下流行的现实,而是指超越于社会当下文化水平的、具有文明和进步意义的先进文化。这种文化的创造,是一种需要超越历史的高水平的价值观念,它要求参与者必须具有高尚的学者情怀、不屈不挠的追求真理和坚持真理的理想和精神,有敢于蔑视和质疑权威和权势境界。而能够对文化创造产生积极意义的教育理论研究,则必须是具有真正的探求真理性质的研究活动。教育理论研究的文化创新意义,主要表现在两个方面。一是教育创新的文学成果对社会整体文明、进步的推动和促进;二是教育的实践成果对社会整体文明和进步的推动和促进。其中,教育创新文学成果的表现形式是指由教育学专业书籍、教育学专业论文以及各种教育性专业资料等组成。实践性成果则是指由教育创新理论指导形成的教育经验、教育方法、教育传统、教育体制等,这两种成果形式除了在具体的教育过程中直接推动教育创新发展外,还在观念上开阔了人们的视野,震撼、冲击甚至改变了人们的思想,引起了人们的思索、交流甚至争论,教育生活观念的革新和进步,在很大程度上都得益于教育创新理论研究成果的启示和引导。

教育理论研究的这种促进教育文化和社会文化创新发展的作用,是一种促进社会和教育进步的根本性作用,能够对社会的科学发展产生深刻的、持久的、全面的积极影响。

第三节 优秀传统文化融入教育改革的途径

知识经济时代是一个不断创新、创造的时代，创新是一个国家经济可持续发展的基石。一个拥有持续创新能力和大量文化资源的国家，就具备了进一步发展知识经济的巨大潜力；相反，一个缺乏文化知识储备和创新能力的国家，就会失去知识经济带来的各种机遇。一个国家、民族要有创新能力，就必须拥有大量的人才，而人才的培养就必须依靠现代教育创新。

教育创新首先是教育观念的创新。解放思想、更新观念是教学改革发展的先导和动力。没有教育新观念的萌动，没有变革现实的要求，没有勇于改革的胆略，就谈不上教育创新。要以现代教育思想为指导，对人才培养目标、培养模式、教育内容、教育方法重新审视，对现有教育思想、教育观念深刻反思。努力探索教育发展的增长点和深化改革的突破点，以教育思想观念的新突破带动教育改革发展的新突破。观念创新是一个复杂和深刻的过程，涉及许多理论和实践问题。

在知识经济时代，教育创新将发挥更为重要的作用，承担更为重要的使命。因此，必须从根本上确立适应知识经济要求的教育创新观，坚定不移地推进教育创新。

一、教育创新是文化创新的内在支撑因素

现代教育创新在文化创新发展中的功能是综合性的，但教育的功能又是随着文化的发展以及教育自身的发展而发展的，是一个动态的变化过程。在工业经济向知识经济过渡时期，创新教育正在发生深刻的变化，其中最为显著的特点之一，就是它的经济功能体现得越来越充分，使之成为知识经济时代文化创新发展的内在的支撑因素。

教育创新对文化创新的意义主要表现在教育工作者们所提出的教育思想、教育理论和教育方法对人们教育观念的改变、教育体制的改革、教学过程的革新所产生的影响和作用方面。这种影响一方面通过教育创新实践中的教育制度内容的创新和完善、教育思想的进步和发展、教育方针的修正和更替等行为表现出来，使新的教育文化逐步生成和扎根；另一方面通过社会各种媒体的传播和各种教育要素的作用，逐步内化和渗透于人们的思想和意识之中，形成人们在教育问题上的共识，从而通过人们的言行、习惯、传统，沉淀为具有更新意义的教育文化。特别是一些著名教育理论家们的具有前瞻性、超越性的研究成果，对传统的教育思想、教育方法具有深刻的批判和革新意义，强烈地冲击了人们的教育观念，提高了人们的认识，有些还被教育决策部门采用或吸收，转变为政府的教育政策，被以制度的形式固定下来。这种通过渐变形式生成的新的教育文化，完成了对旧的教育文化的超越和替换，使文化的创新成为现实。

　　就一般意义而言，教育在现代文化创新发展中已在两个层次上体现着重要的经济功能。一个是狭义的层次，即在直接的经济运行和发展过程中体现的功能，主要包括：通过教育赋予文化创新以需求动力；通过教育的发展提高人才的科学文化素质，使之不断地提高劳动生产率，提高科技竞争能力。这不仅有利于文化创新的良性发展，而且有利于文化创新的可持续发展。第二个是广义的层次，即在文化运行发展的环境创设中体现的功能，主要包括：创新教育使文化创新的发展建立起应有的价值文化体系，确立健康的经济行为价值标准，使文化趋向文明发展；通过教育的发展，为文化创新发展创造健康的文化环境，从而为文化的发展与社会文明进步提供现实的协调基础。在这两个层次上，教育的经济功能已得到较为充分的体现。从这个意义上说，创新教育是文化创新发展的内在支撑因素。

　　知识经济使教育的经济功能得到进一步强化，这是由知识经济的本质及特征决定的。知识经济从本质上来说是主要依赖知识的进步以及知识的生产能力、知识的积聚能力、知识的获取能力、知识的应用能力的提高而得到发展的经济。它的主要特征可以概括为：财富增长基础的知识化，即财富的增长、经济的发展主要依靠知识资源的开发和利用；产业的软性化，即所有产业的知识含量进一步提高，以致实现产业的知识化；经济的柔性化，即文化因素构成经济发展、经济运行要求的内在力量；发展的创意化，即经济的发展、财富的增长越来越主要依靠民族的创新意识、创造能力；竞争的隐性化，即经济竞争主要依靠战略策略制胜、依靠竞争者的良好的心理素质、依靠企业良好的形象等柔性手段；就业的学历化，即企业劳动岗位对知识的要求越来越高，等等。这一切都直接依赖于教育的发展和教育功能的进一步发挥。教育本身就是知识的生产过程，教育越是发展，知识的生产能力、积聚能力、获取能力、应用能力也就越强。只有教育的发展才能实现知识的进步，也只有教育的发展，才能从根本上提高劳动者的知识水平和获取知识的能力，从而使知识经济的特征成为现实的经济优势和发展能力。

二、教育创新是现代社会的重要产业

美国的经济学家舒尔茨曾认为，教育是一项"人力资本"，具有巨大的"经济价值"，是收益率极高的一项"战略性产业"。他的这一理论，极大地推动了各国的教育创新。教育的这种产业属性主要表现在三个方面：一是知识生产；二是物质生产；三是人才生产，这是教育最重要的、最有代表性的生产。

在农业经济和工业经济社会里，虽然也有知识和技能，但并不起核心的作用，关键是靠劳动力、资源和资本等非知识性资源。到了工业经济的后期，科学技术、知识的作用才日益显现，但也没有占主导地位。所以，长期以来，人们对经济的认识、对产业的认识，总是与劳动力、资本、土地、矿产资源、工具等联系在一起，而没有与科技、知识、教育等联系在一起。

然而到了后工业社会，科学技术的贡献率明显增大。比如，在一些西方发达国家，科学技术对经济发展的贡献率已达到60%。以上也就是说，在现代的知识经济社会里，发展生产的主要要素已转移到知识、信息和科学技术上来，而知识、信息和科学技术都是由教育生产出来的，教育已成为生产知识的产业。知识的生产、知识的积累、知识的更新、知识的创新，乃至知识的传播，都要依靠教育。

根据分类，人类社会的第一产业是农业，第二产业是工业，第三产业是服务业，包括信息、知识教育。把教育归为第三产业，说明教育是从事知识的生产、经营和传播的一种知识性新型产业。因此，只有教育发展广，才能生产出大量新的知识，才能促进经济的发展。

教育是经济的先导性、基础性产业，是当代经济发展的主要源头。教育作为一种新兴的产业，从总体上说，具有以下四个特征。

（一）知识性

教育作为知识性产业，由于不是直接从事物质资料的生产，因而必须与第一、第二产业所代表的以物质资料生产为主要内容的所有产业区别开来，因为教育是以知识的生产、服务为主要内容的特殊产业。

（二）基础性

创新人才的培养靠教育，教育是基础，是根本。在工业经济时期，农业、交通、能源等是重要的基础产业，它们在知识经济的发展中仍然是重要的基础。知识经济作为一种新的经济类型，又需要有赖以发展的新基础产业的支撑，如信息高速公路、通信网络、教育的现代化等。其中，教育不仅是广义的知识经济发展的基础，而且教育作为知识的生产者和传输者，是知识经济发展的直接基础。

（三）全局性

知识经济发展的水平、质量直接取决于全社会知识的进步，取决于知识的生产、积累、更新、运用的能力，而这一切又直接取决于教育的发展水平、教育的质量状况。仅从这一方面就可以看到，教育的发展水平将关系到知识经济发展的全局，与其他新的基础产业相比，教育是事关知识经济全局的基础性产业。

（四）先导性

"经济增长——知识进步——教育发展"的内在逻辑决定了教育是具有先导性的基础产业，因为只有教育的发展才能实现知识的进步，并最终促进经济的增长。因此，"经济未动，教育先行"是知识经济发展的新思路。同时，只有不断进行教育创新，提高教育质量，才能从根本上不断地加快知识的进步，提高其更新速度，从而加快经济的发展。

上述四个方面的特征是一个有机的整体，充分说明教育是事关经济发展全局的先导性和基础性知识的产业。这是知识经济所要求的崭新的教育产业观。它不仅对教育创新具有重要的理论意义，而且对现实的经济发展也具有重要的实践意义。

三、教育创新是重要的知识资本

在知识经济的发展中，资本的运动、价值的增值将越来越依赖于劳动力的复杂程度的提高，无论是复杂的劳动力还是简单的劳动，已不再是主要表现为适应于一定劳动部门所要求的技能和技巧的提高，而是主要表现为科学文化整体素质的提高。具体来说，就是劳动力的知识含量和水平的提高，获取新知识和运用各种知识的能力的增强。可以说，在知识经济时代，较高级、较复杂的劳动力就是知识型的劳动力，较复杂的劳动也就是知识型的复杂劳动。因此，知识已是实现价值增值、资本增值的关键因素。正是在这个意义上依靠知识进步实现财富的增长、价值的增值，是知识经济的本质特征。也正是在这个意义上，确立了"知识资本"这一崭新的主要内容，使资本的范畴进一步拓展。既然知识是劳动力及劳动复杂程度提高的主要内容，是价值和资本增值的关键，这就决定了教育不仅是资本运动、资本增值的要素之一，而且是其中的关键因素。

不仅如此，知识经济的特征还使教育费用在可变资本中的比例得到进一步的提高。这一方面是由于整体劳动力的复杂程度都在提高，从而使原来的普通劳动力都逐渐成为复杂的劳动力。它具体表现为全体劳动者接受教育的范围不断扩大，接受教育的程度都在提高，从而使教育费用的总量，在可变资本的总量中占有越来越大的比重。另一方面，随着知识经济的发展，又必然出现部分劳动者需要接受更高层次的教育，并出现更为高级和复杂的劳动力。从动态的过程看，为此而花费的教育经费及商品等价物也会越来越高，在可变资本中的份额也会越来越大。这两个方面将使教育费用在知识经济中逐渐成为可变资本的主要部分。

知识资本作为知识经济的新特征，主要表现为：依靠知识的进步实现财富的增长、价值的增值，资本的新运动使知识成为要求的资本；依靠教育的发展促进知识的进步和劳动力及劳动的复杂程度的提高，使教育的资本属性得到进一步的充分体现，并使之成为知识资本的重要组成部分。就教育与知识的相互关系而言，又可以把教育直接称之为"知识资本"。

既然教育是重要的知识资本，在知识经济的发展中具有极其重要的作用，那么，投资于教育就是一种直接的、重要的经济投资，而且是回报率最高的资本活动。教育费用也不再是单纯的公共消费，而是一种预付，是一种经济活动，是价值的增值过程。明确这一点，对现代教育创新的发展具有重要的现实意义。

四、教育创新是培养创新人才的保证

知识经济的基本内涵及总体特征表明，教育作为知识的生产过程，其发展水平和质量不仅直接决定着一个国家知识总量的积聚能力，而且从根本上决定着一个民族的知识进步和创新能力。总之，教育创新的质量直接决定着社会经济的知识化程度和人们的创新能力。知识经济的核心问题是知识的创新，而知识创新又需要具有创新意识的新型人才。这类创新型人才必备的素质，概括起来主要有下述三个方面。

（一）多种知识的综合及多元文化的融合能力

作为知识经济基础的"知识"，是各种知识的整合，或者说是各类知识的有机综合体。强调知识的系统性、综合性、整合性是知识经济与工业经济相区别的重要特征之一。作为工业经济的主体，强调人才的知识分类，重视某一领域学科知识的掌握和运用，即通常意义上所说的专门人才，这是由工业经济的技术性基础决定的。作为知识经济的主体，强调的不仅仅是对劳动的某一方面知识的掌握和应用，而且还包括对各类知识的整合。作为多元化的人才，必须具有对各种知识的系统掌握、融会贯通、互相渗透、综合运用的能力，这是由知识经济的知识性基础所决定的。因此，目前的教育创新必须注重基础知识的整合性。

同时要看到，知识经济不仅以整合性、综合性知识为基础，而且是以多元文化的并存和融合为纽带的。因此，在强调知识的整合、综合的同时，必须重视对多元文化的融合意识及能力的培养。在鉴别和扬弃的过程中，重视兼容并蓄。没有对多元文化的认同，没有对多元文化的兼容意识，没有对多元文化进行融合的能力，知识的整合性和素质的综合性也就缺乏内在的基础。因此，在进行教育创新的过程中，应当把多元文化的兼容意识和融合能力的培养放在应有的位置。

运用现代技术手段获取新知识的能力。作为知识经济的主体，强调的不仅是对过去及现有知识的继承、积累、掌握和应用，而是要实现知识的不断更新，以期推动经济的发展。未来的知识经济的竞争，将主要取决于知识经济主体的知识更新和创新能力。因此，现代教育创新强调知识创新意识的培养是十分必要的，但仅仅停留在此是不够的，还必须充分重视获取新知识的能力的培养。为此，现代教育要通过创新性教学，不仅开发受教育者的潜能和促进个性发展，更为重要的是训练创新性思维。创新性思维是人才获取新知识、实现知识进步的关键。与此同时，要重视现代教育教学新技术的使用。在新技术的使用问题上必须强调以下两点：

1. 要使新技术真正成为人才获取新知识的手段，重在培养运用新技术、获取新知识的能力，而不是仅仅作为教学条件现代化的物质标志。

2. 增强"技术的透明度"，即打破新技术使用上的神秘感，强调让人才学会操作、学会使用，而不应为新技术本身的许多复杂问题所束缚。运用新技术更新知识、获取新知识，是知识经济时代的人才素质的重要特征之一。

（二）把知识转化为现实财富的观念和能力

教育是创新人才的主要培养者，是文化创新的知识源。在知识经济时代，知识是财富增长中最具有决定意义的要素和力量，知识也是最重要的资本。但知识要真正发挥资本的作用，转化为现实的财富，还需要一系列的条件和环境。这里既涉及文化的体制问题，也是教育的机制问题，但最为重要的是使所有知识的主体即知识的拥有者，具有将多种知识转化为财富的能力，即以教育创新为本，以文化创新为先，以推进文化产业化为主要途径。

五、教育创新能促进网络文化科学发展

教育创新不仅承担着为现实的教育发展提供革新思路和方案的使命，而且承担着创新教育思想、发展教育理论、建构新的教育理念和教育文化、推动整个社会文化科学发展的使命，包括方兴未艾的网络文化。

网络文化不仅构筑起一种全新的网络生活方式和生存方式，而且深刻地影响和潜移默化地改变着人们，特别是今天校园百年的认知、情感、思想与心理。大学生群体是网络的受众主体之一。因此，网络文化带来的严峻挑战非常明显。

（一）网络信息内容的多元化与现有教育理念的主导性

当今网络的优势赢得了学生的青睐和追逐，也自然伴随着产生了内容的多元性。特别值得重视的是，匿名传输是网上信息传输的一大特色。这不仅使别有用心者在摆脱了道德约束的状态下获得同样便捷的制造流言与谣言的可能，增添了法律约束的难度，而且极易使痴心迷恋者受到蛊惑和诱导，跌入各种美丽的陷阱。显然，在这样的背景下，教育的主导性理念受到了多元信息流强烈的冲击、挤压与挑战。受众对信息的选择性又空前增强，多样化的社会经济成分、社会组织形式和社会生活方式，

必然会带来多元化的思想观念、价值判断和情感评价。这些同样会在网络信息中以各种面目出现。因此，现代教育以什么样的对策来保证自身理念传输的主导性地位，就成为摆在眼前的问题之一。

（二）网络成员沟通的交互性与现有教育方法的单向性

每个上网者既接收信息，又制造信息，既相互沟通，又相互感染：而构成学生广泛参与、积极投入的暗含前提，就是交互性中沟通双方的资格平等，由此导致个体的心声可以纵情张扬。

在网络所构建的这样一个交互式平台上，学生的主体意识会被极大地调动和刺激起来，并将使其认知方式与情感评价产生连贯性的感染。这对我们教育传统的单向的教育方法的冲撞是最为突出的。所以，现代教育以什么样的途径来保证教育的实效性，是摆在我们眼前的另一个大问题。

（三）网络发展形势的创新性与现有教育模式的滞后性

网络是创新的产物，其创新的形式使信息的传输过程变成参与者主动的认知过程。

然而，与学生的内在需求还有相当大的距离，某些效果并不尽如人意。在教学内容、教材建设、教学方法、教师自身素质等关键环节上，自身改革的速度还跟不上发展的步伐。空泛的高谈阔论与媚俗的市井传闻都在教育中并存。现代教育以什么样的形象来适应这个创新的时代，是摆在我们眼前的第三个大问题。

今天，知识的创新对教育工作者而言更具有迫切性。因此，古人的"勤于容思、博于问学"，更应成为教育工作者每日的自省。

要找准教育创新的立足点。传统社会天经地义的师生关系，在信息社会有可能发生某种程度的动摇。因此，网络时代的现代教育应当构筑起教育中一种新型的师生互动关系。认识并尊重学生的主体性，调动和引导其选择性，与其在更加平等的教育环境中共同面对亦真亦幻的现实生活。在这种新型的互动关系中，除了思想导航者这一传统角色外，教育工作者更应是现代文化的传授人，是学生心灵的守护者。

要积极探索教育创新的切入点。当前，教育创新不仅是保持思想政治工作生机与活力的需要，也是面向新世纪的现代教育真正吸引学生的前提。而切入点的选择既是创新的起点，也在很大程度上与最终的效果正相关。

现在，教育创新的重要任务是帮助学生发现他自己的需要，并根据这种需要及其变化选择教育的切入点，这样做，往往会事半功倍，能帮助学生明辨他自己的长远利益，知道他自己的重大利益，拉动他眼前的现实利益，就有可能促使其在潜移默化中既获得利益，又受到教育。

由此可见，文化时空发生的转换，对教育创新提出了很多的全新问题，传统教育正面临网络文化严峻的挑战，这些并非十分遥远的新事物、新观念，它将迫使人们"用冷静的目光"对现行教育思想、教育观念、教育制度、教学内容和方法进行全方位的反思。而教育的作用，特别是在大力普及电脑科技知识和传播文化观念教育的形势下，显得格外重要。

参考文献

[1] 王磊.周秦伦理文化概论 [M].西安：陕西师范大学出版社，2007.

[2] 袁本新.高校人本德育研究 [M].广州：中山大学出版社，2015.

[3] 冯希衍.中国传统文化概要 [M].北京：中国人民大学出版社，2016.

[4] 范玉秋.中国大学与传统文化 [M].天津：天津人民出版社，2015.

[5] 黎光，赵冬菊.中国传统文化概论 [M].成都：西南交通大学出版社，2015.

[6] 关健英.先秦秦汉德治法制关系思想研究 [M].北京：人民出版社，2011.

[7] 董平.中国传统文化与现代化 [M].北京：中国政法大学出版社，2011.

[8] 宋元林.中国传统文化与思想政治教育研究 [M].长沙：湖南大学出版社，2012.

[9] 江小源.以崇高的理想信念创新大学生德育 [M].北京：中国文史

出版社，2015.

[10] 郑予捷.大学生德育创新与发展的实践与探索 [M].成都：西南交通大学出版社，2013.

[11] 徐海波.大学生德育与价值观教育研究 [M].南昌：江西人民出版社，2012.

[12] 杨建华.大学生德育教育与核心价值观培育研究 [M].北京：光明日报出版社，2015.

[13] 胡琦.高校文化德育论 [M].杭州：浙江大学出版社，2014.

[14] 冯世勇.高校德育工作的理论研究和实践探索 [M].太原山西人民出版社，2014.

[15] 李莉.新时期高校德育理论与实践研究 [M].长沙：湖南大学出版社，2012.

[16] 张志勇编.百年求索 演进与跃迁中华优秀传统文化重回国民教育体系 [M].北京：中华书局，2022.12.

[17] 王宇作.中华优秀传统文化融入大学生德育教育研究 [M].北京：人民出版社，2022.08.

[18] 刘慧，康宁，许晓辉作.中国优秀传统文化融入高校人才培养全过程研究 [M].长春：吉林出版集团股份有限公司，2022.07.

[19] 俞秀玲.中华优秀传统文化精讲 [M].北京：中国社会科学出版社，2022.07.

[20] 马恬 . 中华优秀传统文化在培育时代新人中的作用研究 [D]. 山西师范大学，2019.

[21] 张丽君，黄靖 . 习近平关于中华优秀传统文化新论述的意义 [J]. 学校党建与思想教育，2022(22):54-56.

[22] 吕英飒 . 中华优秀传统文化的创造性转化与创新性发展 [J]. 长春师范大学学报，2022，41(11):183-186.

[23] 许元政 . 传承中华优秀传统文化 讲好中国故事 [J]. 长春师范大学学报，2022，41(11):187-191.

[24] 赵秀红 . 探索工匠精神与中华优秀传统文化的传承创新 [J]. 大众文艺，2022(21):220-222.

[25] 董学文 . 马克思主义基本原理同中华优秀传统文化相结合的重大意义 [J]. 中国高校社会科学，2022(06):13-25+154.

[26] 王一博，李广艳 . 马克思主义基本原理与中华优秀传统文化相结合的路径探索 [J]. 佳木斯职业学院学报，2022，38(11):13-15.

[27] 朱家镠 . 新时代中华优秀传统文化的传承与发展研究 [J]. 汉字文化，2022(20):170-172.

[28] 鲍硕来 . 新时代中华优秀传统文化创造性转化的思考 [J]. 安庆师范大学学报 (社会科学版)，2022，41(05):102-106.

[29] 刘亚宁 . 习近平中华优秀传统文化观四维探析 [J]. 中学政治教学参考，2022(39):94-96.

[30] 余嘉敏 . 传承中华优秀传统文化离不开创新 [N]. 南方日报，2022-10-19(A10).

[31] 刘声扬 . 中华优秀传统文化传承与高职院校思政教学的创新研究 [J]. 现代职业教育，2022(37):132-135.

[32] 周建新 . 中华优秀传统文化数字化：逻辑进路与实践创新 [J]. 理论月刊，2022(10):82-88.

[33] 高欣，龙翔云 . 新时代弘扬中华优秀传统文化的价值研究 [J]. 文化创新比较研究，2022，6(28):189-193.

[34] 王彬华 . 中华优秀传统文化进校园的传承创新模式探究 [J]. 才智，2022(30):73-76.

[35] 高闻青 . 中华优秀传统文化在家庭教育中的传承 [J]. 当代教育与文化，2022，14(05):90-94.

[36] 苗润笛 . 自媒体时代下中华优秀传统文化的发展与传播路径研究 [J]. 时代报告（奔流），2022(09):74-76.

[37] 杨九龙，贺秉花，尹莉 . 中华优秀传统文化传承发展：渭南鼎礼文化的弘扬创新 [J]. 图书馆论坛，2022，42(09):9-14.

[38] 袁安妮 . 中华优秀传统文化融入高校德育研究 [D]. 西安理工大学，2019.

[39] 宋雨江 . 当代青年中华优秀传统文化认同研究 [D]. 山西师范大学，2019.